O LIVRO DOS PAIS

O LIVRO DOS PAIS

Aliança

1ª edição, 1ª reimpressão, setembro/2014, do 2° ao 3° milheiro.

Título
O Livro dos Pais - Vol 1

Autores
Elizabeth Mendes de Araújo Miyashiro
Marcelino Tristan Vargas
Maria Filomena Cordeiro Lopes
Sandra Ragina Rodrigues da Silva Pizarro

Revisão
Arlete Genari

Diagramação
Alline Garcia Bullara

Capa
Marcelino Tristan Vargas

Impressão
Markpress Brasil Indústria Gráfica Ltda.

Ficha Catalográfica

Dados Internacionais de Catalogação na Publicação (CIP)
(Câmara Brasileira do Livro, SP, Brasil)

Lopes, M. Filomena C. e outros
O Livro dos Pais
1ª edição - São Paulo: Editora Aliança - 2010
192 págs.

ISBN 978-85-88483-50-7

1. Espiritismo 2.Religião I.Título

L763l CDD-130

Índice para catálogo sistemático

1. Espiritismo 130

Editora Aliança
Rua Major Diogo, 511 - Bela Vista - São Paulo - SP
CEP 01324-001 | Tel.:(11) 2105-2600 | Fax: (11) 2105-2626
www.editoraalianca.com.br | editora@editoraalianca.com.br

Sumário

Introdução

Na Aliança Espírita Evangélica (AEE), a atividade denominada Escola de Pais é parte integrante do programa da Evangelização Infantil, complementando-o. É um auxílio eficiente para o equilíbrio, a reflexão de posturas educativas, sustentando a família. Não é uma escola nos moldes convencionais, mas sim uma reunião fraterna, aberta a diálogos, sem pretensão de ser um curso espírita/doutrinador, apesar de ter como fundamento a base moral contida no livro *O Evangelho segundo o Espiritismo*, de Allan Kardec.

Dentre os vários objetivos importantes da Escola de Pais, destacamos os seguintes:

- Conscientizar os pais do seu papel de educador;
- Levar informações sobre questões psicológicas, educacionais, pedagógicas e científicas a respeito do desenvolvimento e da formação da criança e do adolescente;
- Propiciar aos pais a revisão de seus próprios conceitos e atitudes;
- Planejar a educação dos filhos de forma consciente;
- Integrar pais e evangelizadores;
- Educar-se para educar, tendo como base os ensinamentos de Jesus.

A Escola de Pais consiste de uma reunião semanal, concomitante às aulas das crianças, focalizando temas de interesse para pais e responsáveis pelo desenvolvimento integral dos pequenos.

A Escola de Pais conta com um dirigente e um secretário, preferencialmente com conhecimento da doutrina espírita e experiência na Evangelização Infantil, e que todas as semanas estão encarregados de receberem os pais, encaminhando-os à sala, onde será realizada a reunião. É importante que a sala de reuniões não sofra interferência ou interrupção constante de outras atividades do centro espírita, realizadas no mesmo horário. Tanto assim que é recomendável que as crianças não interrompam a reunião, sendo sua permanência junto aos pais uma exceção.

As aulas têm a duração de 60 minutos, com a seguinte sugestão para distribuir o tempo:

5 minutos – para leitura de mensagem edificante e breve prece de preparação espiritual do ambiente feita pelo dirigente ou por algum dos participantes, já familiarizado com a sistemática da reunião.

5 minutos – para informações das atividades do centro, como por exemplo, dia e horário da Assistência Espiritual, cursos (Básico de Espiritismo e Escola de Aprendizes do Evangelho), palestras, atividades culturais...

40 minutos – para exposição do tema, preferencialmente, de forma participativa, com dinâmicas, diálogos, depoimentos e reflexões.

10 minutos – para vibrações e prece de encerramento.

É importante que o horário estipulado de início e encerramento da reunião seja respeitado, coincidindo com o tempo das aulas das crianças.

Com o objetivo de auxiliar o dirigente da Escola de Pais e/ou o expositor do tema agendado para o dia, a Equipe de Apoio à Evangelização Infantil elaborou algumas aulas, como sugestão para o desenvolvimento de tais assuntos. Este trabalho foi um serviço voluntário, cujos direitos autorais foram cedidos à Editora Aliança. Os textos mediúnicos foram psicografados por integrantes do Centro Espírita Caminhos da Redenção (Regional São Paulo Centro).

Cada aula consta de uma reflexão, como um momento para o dirigente/expositor interiorizar-se, buscando com ela sua preparação, ligação e harmonização com as equipes espirituais responsáveis pelo desenvolvimento do trabalho, facilitando-lhe o entendimento do tema.

As sugestões de motivação inicial são breves e visam despertar os participantes para o assunto. Elas podem ser aproveitadas em várias aulas, com a devida adaptação ao tema.

Para cada tema, há várias propostas de desenvolvimento, conforme as características e necessidades do grupo. Entre essas propostas, há vários textos mediúnicos, escritos especialmente para este livro. São colaborações da espiritualidade, passíveis de alterações e atualizações de conceitos, exprimindo a opinião particular de cada comunicante, não devendo, portanto, ser considerados como resposta final.

É importante anotar a data em que foi desenvolvida determinada proposta para que o mesmo tema possa ser novamente abordado sob outro aspecto, em data posterior, ainda que discutido dentro do mesmo grupo de participantes. Procuramos, em todas as aulas, adequar o assunto ao conteúdo encontrado em *O Evangelho segundo o Espiritismo* (E.S.E.) ou *O Livro dos Espíritos* (L.E.), de Allan Kardec.

A finalização da aula procura levar aos pais uma reflexão, uma sugestão ou proporcionar a busca de uma alternativa própria, baseada nas vivências expostas, para conduzir os participantes à harmonia familiar. É indispensável que se sintam à vontade, num ambiente isento de críticas ou julgamentos, pois, como sabemos, não existe uma solução única que sirva a todas as famílias.

Esperamos, dessa forma, facilitar o trabalho dos companheiros que reconhecem a importância e se dedicam à Escola de Pais. Principalmente àqueles que têm muito boa vontade, mas não ainda a segurança e a experiência para orientar uma rota para conviver em família.

Equipe de Apoio à Evangelização Infantil

Espiritualidade

Necessidade da formação religiosa As consequências do cristianismo na vida moral 1

"O lar bem constituído deve religar-se com o Pai Celestial, e isto se faz por uma conduta ilibada, por respeito aos semelhantes e às coisas que estão neste mundo à nossa disposição, servindo-nos para evoluir espiritual e moralmente."

Autores Diversos

Entendendo o Espiritismo, cap. 14, Editora Aliança.

Tema / Conteúdo

Necessidade da formação religiosa / As consequências do cristianismo na vida moral – expor que a religião fortalece os valores morais.

Motivação Inicial

Questionamento – *Fazer a pergunta a seguir apenas para aquecimento e, depois de ouvir os participantes, dizer o tema do dia: Necessidade da formação religiosa, as consequências do cristianismo na vida moral.*

Jesus faz parte de sua vida?

Desenvolvimento da aula

Proposta 1 Data: ____/____/______

Questionamento *– Propor as seguintes questões e ouvir as respostas. Conduzir o diálogo, baseando-se nas orientações.*

- Está certo roubar? É certo jogar papel no chão?

Perceber que agimos e pensamos de acordo com certos valores. Se Jesus faz parte de nossa vida, nossas ações e pensamentos serão pautados segundo os ensinamentos do Evangelho. Se, por exemplo, acreditamos que não faz mal roubar porque muita gente faz isso, é porque ainda não interiorizamos os valores de respeito à propriedade alheia, de respeito ao próximo, ensinados por Jesus. Portanto, Ele ainda não faz parte de nossa vida.

- A família precisa de uma formação religiosa? Por quê?

Observar que o fato de frequentar um templo religioso não é garantia de uma formação religiosa e sim somente ao utilizar o Evangelho como roteiro de vida. O Cristianismo / Evangelho é um bom roteiro para tornar a humanidade melhor.

Proposta 2 Data: ____/____/______

No Evangelho *– Copiar e distribuir a introdução do livro* O Evangelho segundo o Espiritismo, *parte I – Objetivo desta Obra, onde é explicado que o Espiritismo e, em especial esse livro (E.S.E.), procura esclarecer como sermos verdadeiramente cristãos. Destacar o 1º parágrafo para discussão e reflexão.*

Proposta 3 Data: ____/____/______

No Evangelho *– Fazer a seguinte questão: Qual a responsabilidade dos pais na educação religiosa dos filhos?*

Após os comentários da turma, ler a passagem de O Evangelho segundo o Espiritismo *(cap. XIV, item 9).*

"(...) Compreendei que, quando gerais um corpo, a alma que se encarna vem do espaço para progredir. Tomai conhecimento dos vossos deveres, e ponde todo o vosso amor em aproximar essa alma de Deus: é essa a missão que vos está confiada, e da qual recebereis a recompensa, se a cumprires fielmente. Vossos cuidados, a educação que lhe derdes, auxiliarão o seu aperfeiçoamento e a sua felicidade futura. Lembrai-vos de que a cada pai e a cada mãe, Deus perguntará: "Que fizestes da criança confiada à vossa guarda?". Se permaneceu atrasada por vossa culpa, vosso castigo será o de vê-la entre os Espíritos sofredores, quando dependia de vós que fosse feliz. Então vós mesmos, carregados de remorsos, pedireis para reparar a vossa falta; solicitareis uma nova encarnação, para vós e para ela, na qual a cercareis de mais atentos cuidados, e ela, cheia de reconhecimento, vos envolverá no seu amor. (...)"

Proposta 4 Data: ____/____/______

Leitura *– Ler o texto com pausas que permitam os comentários do grupo.*

Em família vamos aprendendo a vivenciar o cristianismo.

Aprendemos pela religião que somos irmãos. É muito difícil prepararmo-nos à irmandade (fraternidade). Temos, inclusive, dificuldade de aceitar o nosso irmão carnal. Como poderemos nos sentir irmãos perante Deus?

É comum, mesmo numa família em desajuste, haver pelo menos um elemento que consegue manter-se ligado a Deus, a Jesus, ao anjo de guarda, ao invisível, ao sobrenatural. Pode ocorrer de este elemento abrir canais com o alto, da ajuda externa alterar situações de conflito familiar e colaborar com encarnações que seriam mal aproveitadas.

Bem, estamos falando de um elemento que quase primitivamente tenta a ligação com o sobrenatural.

Agora vamos considerar uma pessoa bem equilibrada, ligada a Deus, conhecedora dos ensinamentos do Mestre. Buscando conhecer-se mais. Com um certo grau de aceitação e humildade. Bem, essa pessoa cristianizada vai facilitar o avanço moral do grupo familiar.

Pode ser que não seja em uma ou duas oportunidades (vidas), mas um dia os valores cristãos estarão em todos os lares da Terra.

Psicografado por Beth em 29.05.2008

Finalização da aula

Ler a passagem em Lucas, 2: 22-32 que mostra a apresentação de Jesus ainda bebê no Templo, demonstrando a preocupação dos pais com a educação religiosa do filho.

"Terminados os dias da purificação, segundo a lei de Moisés, levaram-no a Jerusalém, para apresentá-lo ao Senhor (conforme está escrito na lei do Senhor: Todo primogênito será consagrado ao Senhor), e para oferecerem um sacrifício segundo o disposto na lei do Senhor: um par de rolas, ou dois pombinhos. Ora, havia em Jerusalém um homem cujo nome era Simeão; e este homem, justo e temente a Deus, esperava a consolação de Israel; e o Espírito Santo estava sobre ele. E lhe fora revelado pelo Espírito Santo que ele não morreria antes de ver o Cristo do Senhor. Assim pelo Espírito foi ao templo; e quando os pais trouxeram o menino Jesus, para fazerem por ele segundo o costume da lei, Simeão o tomou em seus braços, e louvou a Deus, e disse: Agora, Senhor, despede em paz o teu servo, segundo a tua palavra; pois os meus olhos já viram a tua salvação, a qual tu preparaste ante a face de todos os povos; luz para revelação aos gentios, e para glória do teu povo, Israel."

Complementos

▪ Bibliografia

KARDEC, Allan – *O Evangelho segundo o Espiritismo,* introdução e cap. XIV. São Paulo: LAKE, 2002.

LORENZETTI, Valentim - *Caminhos de Libertação,* cap. 32 "Investimento religioso" e cap. 67 "Educação religiosa". São Paulo: Editora Aliança, 2004.

VALENTI, Maria Cotroni – *A Vida Nossa de Cada Dia,* cap. "A criança e a religião". São Paulo: Editora Aliança, 2005.

XAVIER, Francisco C. (Emmanuel - Espírito) – *O Consolador,* pergunta 113. Rio de Janeiro: FEB, 1985.

2 Evangelho no lar

"A prática do Evangelho no Lar deve ser cultivada porque proporciona o equilíbrio no ambiente doméstico, e nós haurimos forças renovadas para enfrentar as vicissitudes da vida."

Autores Diversos

Entendendo o Espiritismo, cap. 14, Editora Aliança.

Tema / Conteúdo

Evangelho no lar – mostrar a sua importância para proporcionar o equilíbrio no ambiente do lar por meio da oração.

Motivação Inicial

Questionamento – *Fazer as perguntas e ouvir atentamente as respostas.*

Você costuma fazer prece?
E se esta prece fosse feita em família?

Desenvolvimento da aula

Proposta I **Data: ___/___/_____**

Leitura e questionamento – *Ler* "Culto cristão no lar", *capítulo I do livro* Jesus no Lar, *de Francisco C. Xavier, ou sua adaptação no livro* Evangelização Infanto-juvenil Intermediário B, *aula 5, que explica de forma clara sobre o 1º culto cristão no lar. Fazer as perguntas a seguir aos participantes e ouvir as respostas. Depois oferecer e explicar o roteiro para realização do Evangelho no Lar, conforme consta no livro* Vivência do Espiritismo Religioso, *capítulo 6.*

- Qual o objetivo de Jesus ter realizado o 1º culto cristão no lar?
- Qual a importância de realizar o Evangelho no Lar atualmente?
- Como podemos fazer o Evangelho no Lar?

Finalidades do Evangelho no Lar

1. Estudar o Evangelho de Jesus, à luz do Espiritismo, para torná-lo melhor compreendido e exemplificado.

2. Criar em todos os lares, o hábito salutar de reuniões evangélicas, para despertar e acentuar o sentimento de fraternidade, que deve existir em cada criatura.

3. Proteger os lares de influências espirituais negativas, higienizando-o pelos nossos pensamentos e sentimentos elevados, possibilitando assim, a ajuda dos Mensageiros do Bem.

4. Facilitar no lar e fora dele, o amparo necessário para enfrentar as dificuldades materiais e espirituais, mantendo os princípios da oração e vigilância dos pensamentos e sentimentos.

5. Elevar o padrão vibratório dos componentes do lar, a fim de que ajudem, com mais eficiência, o Plano Espiritual na obtenção de um mundo melhor.

Roteiro para o Evangelho no Lar

1. Escolher dia e hora da semana em que se possa contar com a presença dos familiares, observando rigorosamente a pontualidade para assegurar a assistência dos benfeitores espirituais.

2. Iniciar as reuniões com o número que for possível de pessoas presentes.

3. Designar um dos presentes para dirigir a reunião, podendo ser feito um rodízio, caso desejarem.

4. Abrir a reunião com uma prece simples e espontânea, dirigida a Deus, que poderá ser proferida por qualquer participante.

5. Ler um pequeno trecho de *O Evangelho Segundo o Espiritismo* e, na falta deste, do próprio Novo Testamento.

6. Comentar o trecho lido, com palavras simples e compreensíveis, buscando sempre a aplicação dos ensinamentos de Jesus na conduta pessoal e na vida diária, podendo qualquer dos presentes participar dos comentários, com objetividade e clareza, evitando-se debates e discussões.

7. Realizar, em seguida, vibrações de fraternidade e de amor aos necessitados, na seguinte ordem:

- Pela paz na Terra e no coração dos homens;
- Pela difusão do Evangelho no mundo;
- Pelo auxílio a enfermos, encarcerados, descrentes e suicidas;
- Pela ajuda aos trabalhadores de Jesus, que se dedicam à prática do Bem e ao esclarecimento público das verdades espirituais;
- Pela fraternidade entre os homens, sem distinção de crenças ou condições sociais.

8. Prece de encerramento.

Observações Importantes

As preces e leitura do texto devem ser feitas em voz alta! Sua voz, lendo textos elevados e proferindo preces com amor, afastará de você as energias negativas e, ao mesmo tempo, esclarecerá Espíritos menos evoluídos. Você estará colaborando para que eles se afastem já bem melhores.

O culto do Evangelho não é trabalho mediúnico. Assistência espiritual e trabalho mediúnico devem somente ser realizados nos Centros Espíritas.

A duração não deve ultrapassar 30 minutos.

Não suspender a prática do Evangelho em virtude de visitas, passeios adiáveis, ou acontecimentos fúteis.

Crianças poderão participar sempre que conseguirem acompanhar a reunião sem fadiga ou inquietação. Elas podem colaborar ativamente segundo a sua capacidade, quer nas preces, comentários ou leituras, sendo ainda possível o uso de histórias infantis de fundo moral, para mantê-las interessadas.

Finalização da aula

Ler um dos textos psicografados a seguir ou simular a realização do Evangelho no Lar.

A lição do Evangelho, que nos leva a certas palavras de amor e tolerância, será aprendida não somente na prática, mas também por meio do estudo do mesmo em nosso lar, onde também somos responsáveis pela instrução moral de nossos filhos e de todos que compartilham a nossa vida terrena. Somos multiplicadores de atitudes, boas ou ruins. Mas sejamos sempre aprendizes do Cristo em constante busca de sermos cada dia um ser humano melhor. E nada como as palavras contidas no Evangelho, com todas as suas passagens e lições, para nos dar exemplos suficientes para que escrevamos o nosso Evangelho com nossa vida, através dos nossos exemplos.

Que a paz do Mestre os acompanhe.

Psicografado por Marissol em 13.09.2007

A harmonia no lar é fundamental, pois, é no lar que começa a paz e o entendimento no mundo. Se a criatura não tem paz no lar, como ela pode ter paz na sua vida cotidiana? A violência no mundo tem a sua origem no lar em desequilíbrio. Se a criança não tem um lar, ela poderá ir para a rua, para as drogas e, para sustentar o vício, ela começará a praticar pequenos furtos, depois grandes furtos, e daí envereda para o mundo do crime e da violência. E onde começou tudo isso? No lar! Ou na falta dele.

O lar é um elo desta grande corrente que é a família universal; o primeiro elo somos nós, o segundo elo é o lar e o terceiro elo é o trabalho, o lado profissional. Se faltar esse elo, que é o lar, nada poderá dar certo. Se você não tiver paz no lar, como poderá ter paz na vida profissional, no trabalho, no trânsito, ou seja, na sua vida fora do lar?

A pessoa pode ser inteligente, alegre, contente, otimista, é o primeiro elo. Ela tem o terceiro elo, que é um trabalho importante, mas não tem o segundo, que é o elo da família; o elo do lar não existe, é destruído. Não há sucesso financeiro nenhum que compense um lar fracassado, porque se faltar o segundo elo, os outros não vão longe.

A prática do Evangelho no Lar é imprescindível, pois traz o equilíbrio espiritual e emocional dos componentes do lar, além de harmonizar o ambiente.

O Evangelho protege o lar e a família do assédio dos Espíritos perturbadores que se comprazem em provocar a desarmonia entre os componentes da família.

Psicografado por Nivaldo em 13.09.2007

... Jesus entra nos lares com seus mensageiros quando existe o hábito do Evangelho no Lar. Espíritos iluminados se aproximam dos familiares, com irmãos necessitados, estudiosos e, muitas vezes, levam familiares desencarnados na casa, com a proposta de se ter bálsamos através da prece e das boas intenções dos moradores. Vocês não imaginam as luzes que se acendem quando a família se reúne e começa a elevação espiritual. Claro que às vezes há interrupções, quando se têm crianças, por exemplo, ou visitas, telefonemas, mas não há com o que se preocuparem, porque aquele que respeita este culto no lar, rapidamente retoma a elevação.

... Há momentos de tanta elevação espiritual dos membros, que luzes coloridas, flores plasmadas surgem no lar. Fora isto, os benefícios se tornam constantes durante todos os dias, atenuando provas mais difíceis pela gratidão de irmãozinhos que são ajudados por vocês em suas vibrações. Como vocês podem ver, somente coisas maravilhosas acontecem em seus lares quando há o desejo e a concretização deste hábito salutar. Então, queridos, informem mesmo aos pais e a todos que se aproximarem de vocês que o culto do Evangelho no Lar é santificante.

... Meus queridos, seus lares ficam "vacinados", com frequência, contra as doenças mais graves da vida! Divulguem isto, peçam, insistam que tornem esta prática um hábito salutar e todos se beneficiarão. Estarão fazendo também uma caridade com o mundo espiritual ao recepcionarem irmãozinhos nessas reuniões de Evangelho. Não se preocupem, todos seguem os seus caminhos, porque os mensageiros que os levam, encaminham a todos e os lares permanecem com a paz do mestre Jesus.

Que Jesus os envolva em luz.

Graças a Deus.

Irmão José Luiz

Psicografado por Isabel em 13.09.2007

Complementos

▪ Bibliografia

AUTORES DIVERSOS – *Evangelização Infanto-juvenil*: Maternal, aulas 2 (Hora de dormir) e 26 (O passeio na praça); Jardim A, aula 4 (Oração de uma menina); Jardim B, aula 6 (Martinha e o gatinho); Jardim C, aulas 5 (Brincadeiras) e 6 (Os presentes de cada dia); Primário A, aulas 4 (O papagaio de Sabu), 5 (Quem se sentou ao lado de mamãe) e 6 (Os três pedidos de Jorginho); Primário B, aula 2 (As orações de Pedrinho) e Orientações do Pai-nosso da aula 9 a 16; Primário C, aula 3 (Ana e Mário); Intermediário A, aula 5 (Prece Pai-nosso); Intermediário B, aula 5 (O culto cristão no lar). São Paulo: Editora Aliança.

AUTORES DIVERSOS – *Entendendo o Espiritismo,* cap. 14. São Paulo: Editora Aliança, 2001.

▪ Dicas

Esclarecer o significado da palavra "culto", como sendo uma reunião entre familiares para uma conversa edificante à luz do Evangelho, por isso o chamamos de Evangelho no Lar.

A transição dos sete anos 3

"... Pode-se assim dizer que, nos primeiros anos, o Espírito é realmente criança, pois as ideias que formam o fundo do seu caráter estão ainda adormecidas."

Allan Kardec

O Evangelho segundo o Espiritismo, cap. VIII, item 4.

Tema / Conteúdo

A transição dos sete anos – explicar que nesta faixa etária o Espírito completa sua ligação com o corpo físico.

Motivação Inicial

Questionamento – *Como aquecimento, conversar com os participantes sobre o fascínio que envolve o número 7. Ele surge em muitas das atividades humanas, por exemplo: 7 dias da semana, 7 cores do arco-íris, 7 notas musicais, 7 maravilhas do mundo antigo, 7 pecados capitais, 7 dias da Criação, 7 vidas do gato... Enfim, é um número especial, sem dúvida. Mas, o que você sentiu de diferente quando seu filho fez 7 anos?*

Desenvolvimento da aula

Proposta I Data: ___/___/_____

No Evangelho – *Ler a pergunta 383 de* O Livro dos Espíritos. *Aguardar a resposta dos participantes e só então ler* *a versão dada pelos Espíritos. A seguir, repetir o mesmo procedimento com o capítulo VIII, item 4, de* O Evangelho segundo o Espiritismo, *destacando o 3º parágrafo.*

L.E. 383 Qual é, para o Espírito, a utilidade de passar pela infância?

– Encarnando-se com o fim de se aperfeiçoar, o Espírito é mais acessível, durante esse tempo, às impressões que recebe e que podem ajudar o seu adiantamento, para o qual devem contribuir os que estão encarregados da sua educação.

E.S.E. Mas se o Espírito da criança já viveu, por que não se apresenta, ao nascer, como ele é? (...)

A partir do nascimento, suas ideias retomam gradualmente o seu desenvolvimento, acompanhando o crescimento do corpo. Pode-se assim dizer que, nos primeiros anos, o Espírito é realmente criança, pois as ideias que formam o fundo do seu caráter estão ainda adormecidas. Durante o tempo em que os instintos permanecem latentes, ela é mais dócil, e por isso mesmo mais acessível às impressões que podem modificar a sua natureza e fazê-la progredir, o que facilita a tarefa dos pais.

Proposta 2 Data: ____/____/______

Alegoria *– Ler a primeira parte do texto para que os participantes imaginem a cena. Interromper a leitura e pedir que façam uma analogia com o início da vida de uma criança. Ouvir os comentários e continuar a leitura com a interpretação oferecida pelo plano espiritual.*

> Estamos num campo aberto, porém rodeado de montanhas. Avistamos um cavalo selvagem a correr livremente. Sabemos que temos que atraí-lo para perto de nós para conseguir montá-lo.

Eis o Espírito fora da matéria querendo ser novamente o cavaleiro ou domador da sua parte animal.

O cavalo vai pouco a pouco sendo atraído pela nossa mente, pelo nosso querer; mesmo sem perceber vai diminuindo a velocidade da sua marcha e passando mais próximo de nós a cada volta dada.

E quando ele está bem perto, nós nos atrevemos a dar um salto bem alto, agarramos sua crina, nos jogamos desajeitadamente sobre ele.

É muito difícil obtermos sua obediência. Ele não entende a nossa linguagem. Ele só vai para onde deseja. Vive pensando nas suas necessidades: comer, beber e dormir.

As montanhas do começo podem representar a barriga da mãe, pois o cavalo insiste em dar voltas como a criança no ventre da gestante em movimento circular.

O Espírito vai, pouco a pouco, aproximando-se e intuindo seu corpo material.

Quando nós conseguimos subir no cavalo, seria o nascimento, em que o Espírito começa a dominar o seu corpo.

Com o passar do tempo nós vamos nos movimentar no berço, engatinharmos, sentarmos, andarmos, pularmos, corrermos. Enfim, seria a completa interação psicomotora da criança. O cavalo vai se acalmando e obedece ao comando da voz de quem o monta.

A nossa parte física também desempenha uma importante influência no nosso viver. O cavalo tem suas regiões preferidas: o vale ou as montanhas, o deserto ou as águas. Seria a contribuição hereditária ou genética se mostrando ao meio.

Quando o cavaleiro consegue através da sua mente que o cavalo o atenda plenamente, resolve fazer seu próprio itinerário, até mesmo saindo para longe dessas montanhas. Seria por volta dos 7 anos, quando o domínio do corpo é total.

A criança torna-se mais independente da mãe, podendo afastar-se de seu contato físico. Pode sobreviver em outros ambientes onde a mãe não faz parte da paisagem como, por exemplo, a escola.

Psicografado por Beth em 08.05.2008

Finalização da aula

Ler e comentar o trecho abaixo do livro Missionários da Luz, *de André Luiz:*

"– Está pronto o serviço de reencarnação inicial. O trabalho completo, com a plena integração de nosso amigo nos elementos físicos, somente se verificará de agora a sete anos!"

Complementos

- **Bibliografia**

KARDEC, Allan – *O Livro dos Espíritos,* questões 379 a 385. São Paulo: LAKE, 2001.

KARDEC, Allan – *O Evangelho segundo o Espiritismo,* cap. VIII, item 4. São Paulo: LAKE, 2002.

XAVIER, Francisco C. (André Luiz – Espírito) – *Missionários da Luz,* cap. 14. Rio de Janeiro: FEB, 1988.

O temor da morte 4

"... A morte, entretanto, não inspira ao justo nenhum temor, porque, com a fé, tem a certeza do futuro; a esperança lhe faz esperar uma vida melhor..."

Allan Kardec
O Livro dos Espíritos, questão 941.

Tema / Conteúdo

O temor da morte – conscientizar do preparo espiritual necessário para nada temer, inclusive a morte. Orientar como abordar o assunto com as crianças.

Motivação Inicial

Ordem das figuras – *Ordenar os seres das figuras (anexo I) de acordo com a expectativa de vida. Observar que somos seres efêmeros.*

Desenvolvimento da aula

Proposta I Data: ____/____/______

Questionamento – *Fazer as perguntas a seguir e conduzir o diálogo conforme as sugestões.*

- Você já conversou com seu filho sobre a morte de alguém? Qual foi a reação dele? Como explicar a morte?

Lembrar que é importante evitar o uso de clichês: a pessoa dormiu para sempre, descansou, fez uma longa viagem... Pois esta forma pode confundir a criança, que leva essas expressões ao pé da letra. A criança acha que quem dormiu vai acordar ou ela mesma ficar com medo de dormir. Pode esperar a pessoa voltar da viagem ou considerar que todo aquele que viaja, não voltará mais.

▪ Que oportunidade no dia a dia você pode utilizar para falar com seu filho sobre a morte?

Perceber que a morte é uma característica natural de todo ser vivo. Por exemplo, a morte de uma planta ou de um animal de estimação. O assunto morte faz parte do ciclo da vida, então deve ser tratado naturalmente com a criança: tudo nasce, cresce e morre (um dia) a seu tempo.

▪ De que outra forma podemos orientar as crianças?

Sugerir que os pais o façam de maneira indireta, lendo histórias infantis sobre imortalidade da alma e reencarnação ou assistindo a filmes que abordem o assunto.

▪ Qual a idade ideal para falar sobre a morte?

Salientar que não há uma idade definida. Os pais, portanto, não precisam ter receio, achando que o filho é pequeno demais para entender. Mesmo quando o acontecimento seja com pessoas muito próximas a ele.

▪ Devemos levar uma criança a um velório?

Orientar que podemos levá-la a um velório, se a pessoa for próxima ou importante para ela, mesmo assim, se desejar fazê-lo.

Proposta 2 **Data: ____/____/______**

No Evangelho *– Perguntar aos participantes por que a maioria das pessoas teme a morte. Depois de ouvi-los, ler a questão 941 de* O Livro dos Espíritos, *de Allan Kardec, fazendo comentários.*

L.E. 941 O medo da morte é para muitas pessoas um motivo de perplexidade; de onde vem esse medo, se têm o futuro diante de si?

– É um erro terem esse medo. Mas o que quereis! Procura-se convencê-las desde crianças de que existe um inferno e um paraíso, e que é mais certo irem para o inferno, porque lhe dizem que ao agirem de acordo com a natureza cometem um pecado mortal para a alma: então, quando se tornam adultas, se têm algum discernimento, não podem admitir isso, e tornam-se ateus ou materialistas. É assim que se conduzem as pessoas a crer que além da vida presente não há mais nada, e as que persistiram em suas crenças de infância temem esse fogo eterno que deve queimá-las sem destruí-las.

A morte, entretanto, não inspira ao justo nenhum temor, porque, com a fé, tem a certeza do futuro; a esperança lhe faz esperar uma vida melhor, e a caridade que praticou dá-lhe a certeza de que não encontrará no mundo para onde vai nenhum ser do qual deva temer o olhar. (Veja a questão 730.)

Aquele que é mais ligado à vida material do que à espiritual tem, na Terra, penalidades e prazeres materiais; sua felicidade resume-se à satisfação ilusória de todos os desejos. Sua alma, constantemente preocupada e afetada pelas contingências da vida, permanece numa ansiedade e numa tortura perpétuas. A morte o assusta, por duvidar do seu futuro e acreditar que deixa na Terra todas as suas afeições e esperanças.

Aquele que se eleva acima das necessidades artificiais criadas pelas paixões tem, já aqui na Terra, prazeres desconhecidos ao materialista. A moderação de seus desejos dá ao Espírito calma e serenidade. Feliz pelo bem que faz, não há para ele decepções, e as contrariedades deslizam sobre sua alma sem causar nenhuma impressão dolorosa.

Proposta 3 **Data: ____/____/______**

Reflexão *– Apresentar os trechos a seguir, do livro* Caminhos de Libertação, *de Valentim Lorenzetti, propondo uma reflexão sobre cada um deles.*

"Acreditamos que teremos dado um grande passo rumo à libertação espiritual a partir do momento em que, nos velórios e necrotérios, pudermos ouvir preleções evangélicas enfatizando a sobrevivência do Espírito e colocando o fenômeno da morte como um acontecimento natural a toda matéria. Preleções que poderiam ter, como fundo, uma suave música que predispusesse os indivíduos à meditação e à prece."

(Cap. 5 – Transformar o velório em escola)

"Surpreendeu-se ao receber a informação de que era um Espírito desencarnado, cujo corpo falecera. Realmente, ultimamente tudo estava mudado; eu notava que minhas ordens não eram cumpridas na empresa, e em casa ninguém mais me dava atenção. Acho que agora é hora de pensar mais nas coisas da alma, já que até o momento não tive tempo para essas coisas; só neste instante vejo que pensei apenas nas coisas menos importantes. Vou-me esforçar por compreender tudo isto e fazer o possível para transmitir esta minha experiência a outras pessoas."

(Cap. 60 – Um homem no plano espiritual)

"O Espírito desencarnado, comunicando-se por um médium de incorporação, exigia seu direito a uma vida cheia de felicidade após a morte do corpo físico. Enganaram-me – dizia – faz muito tempo que aqui estou e até agora não tive um momento de paz; não encontrei o céu e tenho impressão de que o sofrimento é eterno.

Queria atingir a luz sem ter acumulado energia para fazer brotá-la inicialmente em seus próprios sentimentos. Não acumulara a energia produzida pelas boas ações calcadas unicamente nas boas e puras intenções. Nas intenções sem cunho comercial; sem o interesse do 'dou aqui para comprar meu lugar no céu.'"

(Cap. 81 – Não encontrou o paraíso)

Finalização da aula

Ler a frase inscrita no túmulo de Allan Kardec, que destaca a naturalidade da morte.

"Nascer, morrer, renascer ainda e progredir sem cessar, tal é a Lei."

Complementos

- **Bibliografia**

AUTORES DIVERSOS – *Evangelização Infanto-juvenil*: Jardim A, aula 30 (Vovó querida); Jardim B, aula 15 (Guilherme entende a imortalidade); Jardim C, aula 12 (O convite); Primário B, aula 21 (A descoberta de André); Intermediário A, aula 11 (Parábola do rico e Lázaro). São Paulo: Editora Aliança.

KARDEC, Allan – *O Livro dos Espíritos*, questões 197 a 199 e 730. São Paulo: LAKE, 2001.

LORENZETTI, Valentim – *Caminhos de Libertação,* cap. 5 "Transformar o velório em escola", cap. 60 "Um homem no plano espiritual" e cap. 81 "Não encontrou o paraíso". São Paulo: Editora Aliança, 2004.

MACHADO, Irene Pacheco (Luiz Sérgio – Espírito) – *Na Hora do Adeus.* Brasília: Livraria e Editora Recanto, 1996.

PIRES, J. Herculano – *Educação para a Morte.* São Bernardo do Campo: Correio Fraterno, 1996.

PIZARRO, Sandra R. R. S – *O Retorno de Chuvita.* São Paulo: Editora Aliança, 2007.

VARGAS, Marcelino – *O Caso das Irmãs Fox.* São Paulo: Editora Aliança, 2007.

Relacionamento Familiar

Casamento na visão espírita 5

"O casamento, ou seja, a união permanente de dois seres é contrária à lei natural?

– É um progresso na marcha da humanidade."

Allan Kardec

O Livro dos Espíritos, questão 695.

Tema / Conteúdo

Casamento na visão espírita – expor que o casamento é um progresso na marcha da humanidade.

Motivação Inicial

Questionamento – *Fazer as perguntas e ouvir atentamente as respostas.*

O que é casamento para você?

Você acha que o casamento é um costume ultrapassado?

Desenvolvimento da aula

Proposta I **Data: ____/____/______**

Questionamento – *Fazer as perguntas, baseando-se na classificação a seguir. Depois, conduzir o diálogo, observando as sugestões oferecidas.*

Existe uma classificação de casamentos segundo Martins Peralva como segue:

Acidentais – encontro de almas inferiorizadas, por efeito de atração momentânea, sem qualquer ascendente espiritual.

Provacionais – reencontro de almas para reajustes necessários à evolução de ambos.

Sacrificiais – reencontro de alma iluminada com alma inferiorizada, com o objetivo de redimi-la.

Afins – reencontro de corações amigos para consolidação de afetos.

Transcendentes – almas engrandecidas no Bem e que se buscam para realizações imortais.

▪ Conforme essa classificação, como entenderíamos a maioria dos casamentos aqui na Terra?

Observar que em nosso planeta, atualmente no estágio de planeta de provas e expiações, os casamentos também fazem parte das experiências necessárias para o nosso crescimento espiritual.

▪ Que virtudes marido e mulher são convidados a exercitar para manter um casamento harmonioso?

É preciso exercitar muita compreensão e renúncia e a ambos, marido e mulher, cabe uma série de obrigações e divisão de responsabilidades. O amor e o respeito recíproco devem ser expressos pelo carinho, atenção, delicadeza, paciência, tolerância, fidelidade, confiança, procurando evitar atitudes hostis, linguagem agressiva e queixas um do outro.

▪ Qual seria o efeito da abolição do casamento sobre a sociedade humana?

A abolição do casamento seria o retorno à vida dos animais, seria o retorno à infância da humanidade, e colocaria o homem abaixo mesmo de alguns animais, que lhe dão o exemplo das uniões constantes.

Proposta 2 Data: ___/___/_____

Casos *– Ler a mensagem a seguir e estimular o diálogo sobre a relação marido e mulher, através das perguntas ao final.*

É com grande alegria que chego até vocês, amigos e irmãos de jornada espiritual, para contar a minha história de muita dor e sofrimento, mas, acima de tudo, de aprendizado. Há muito estive aí junto a vocês para resgatar um relacionamento que tento acertar. Nós nos conhecemos muito jovens e nos casamos logo, afinal a paixão era intensa. Mas aí começamos a perceber sentimentos e diferenças muito fortes entre nós, e não tinha a mínima vontade de estar superando, ainda mais naquela época em que os homens achavam que eram os donos do mundo. Triste ilusão! As mulheres, Espíritos que encarnaram como alma feminina, evoluíram anos-luz à nossa frente, pois aproveitaram as lições do Cristo. Receberam uma educação de compreensão e tolerância com o seu marido, filhos e mais velhos. E acima de tudo a manter o lar, que era a base da família naquela época e hoje também.

Não satisfeito com o relacionamento, procurei diversão fora dele, passei a vida nas casas de prostituição, jogos, bebidas. Deixei o lar e minha companheira. Eu nem conversava com ela e, quando trocávamos algumas palavras, era áspero e grosseiro. Faleci devido a problemas no coração, com certeza consequência da vida desregrada que levava. Minha mulher ficou mais um tempo encarnada, viu nossos filhos crescerem e se transformarem em homens de bem. Hoje sei que ela está em uma colônia estudando e tento, a todo custo, vê-la, pedir perdão, mas ainda não me foi permitido dizer-lhe. Sei que ela me perdoou e que está disposta a reencarnar comigo de novo, dando-me a oportunidade de agora eu fazer a lição que deixei para trás.

Amo-a muito, porém só agora, depois de muito sofrer, é que percebi isso, porque não aproveitei a oportunidade que me foi dada. Não deixem as oportunidades passarem; se vierem dificuldades, não fujam delas. Enfrentem-nas que elas passarão, também lhes farão pessoas muito melhores e lares muito mais sólidos e felizes.

Psicografado por Marissol em 04.10.2007

- Como você se sentiria no lugar desse marido? E dessa esposa?
- A educação influencia na maneira de encarar o casamento?
- Há diferença de postura do homem e da mulher frente ao casamento?

Proposta 3 Data: ____/____/______

***Jogral** – Sugerir a leitura do texto em forma de jogral. Escolher algumas frases para discussão e reflexão.*

Por que casar se solteiro quero ficar?

Por que morar se desejo só namorar?

Quanto mais livre-arbítrio temos, mais responsabilidades recaem sobre nossas decisões.

Por que será que as pessoas temem as uniões estáveis? Por que tanto medo da entrega do seu tempo, do seu amor a outras pessoas?

O que existe dentro da mente coletiva atual que por vezes rejeita o casamento?

Então, como pode ser difícil viver sem um par, começa-se a inventar:

Vamos só ficando... Ou só namorando...

Somos noivos e nada mais...

Casamento por hora, jamais!

Mas o tempo passa, existe uma tendência a esta união mais demorada, mais cumpliciada, mais envolvente, mais complicada, mais produtiva ou reprodutiva e sem querer estamos "casados".

E assim, as combinações na esfera espiritual vão se dando independentemente do nome ou do formato que elas tenham.

Geralmente com filhos, mas também pode ser sem.

Geralmente homem-mulher, mas às vezes não é.

Com quase a mesma idade, outras bem diferentes.

Pode ser entre semelhante raça, nível econômico, cultural, interesses ou completamente diferentes.

O casamento deve ser bem proveitoso espiritualmente para o casal. Se prometeram que iriam evoluir juntos, que o façam. Sempre um bom motivo há para que assim se dê.

A visão espírita sobre a união dos seres deve ser "desprendida", sem preconceito, aberta ao que realmente as criaturas têm a trocar.

Esta hora significa crescimento que pode ser retratado por filhos, evolução espiritual, etc.

O importante é que haja crescimento pessoal!

Conforme a sociedade for avançando novas formas teremos para as uniões. Mas o que vale é o respeito, o amor, o trabalho conjunto, a família, os filhos.

Tudo são experiências para o Espírito.

Ficar só, pode ser muito penoso. Casar-se sem entender o valor de um casamento, nada acrescenta à vida. Casar-se por mera convenção social, também não.

Ninguém é melhor ou pior por estar casado, trata-se apenas de uma etapa para o aprendizado.

A Doutrina não proíbe nem incentiva as separações, pois sabemos que todos nós responderemos por nossas ações.

A Doutrina incentiva as uniões amorosas, desprovidas de interesses passageiros, em que existe a possibilidade da vinda e educação cristã de novas criaturas.

A Doutrina incentiva o fortalecimento da família como núcleo de ligação com o Pai. Como local de fortalecimento e crescimento espiritual.

Psicografado por Beth em 04.10.2007

Proposta 4 **Data: ___/___/_____**

No Evangelho *– Perguntar aos pais que tipos de regras devem dirigir o casamento. A seguir, apresentar os itens 3 e 4 do capítulo XXII de* O Evangelho segundo o Espiritismo *para que comparem com suas respostas.*

Finalização da aula

Escolher um dos textos a seguir e distribuí-lo para reflexão.

"O verdadeiro casamento é de almas e essa união ninguém poderá quebrantar."

André Luiz
Nosso Lar

"Não existe casamento espírita, entendido como ritual. O Espiritismo aceita as leis de cada país, pois entende que são formas necessárias para disciplinar a sociedade. Entretanto, a Doutrina trabalha para que os homens, compreendendo-se e amando-se fraternalmente, sejam aos poucos exonerados de sofrerem as repressões decorrentes da transgressão das leis. E não será com ritos exteriores que atingiremos esse objetivo; será com o sacrifício do orgulho e da vaidade de cada um no altar de seu próprio coração."

Valentim Lorenzetti
Caminhos de Libertação

Complementos

▪ Bibliografia

KARDEC, Allan – *O Livro dos Espíritos,* questões 695 a 697 e 701. São Paulo: LAKE, 2001.

KARDEC, Allan – *O Evangelho segundo o Espiritismo,* cap. XXII, itens 3 e 4. São Paulo: LAKE, 2002.

LORENZETTI, Valentim – *Caminhos de Libertação,* cap.48 "Casamentos espíritas". São Paulo: Editora Aliança, 2004.

PERALVA, Martins – *Estudando a Mediunidade,* cap. XVIII. Rio de Janeiro: FEB, 1989.

SIMONETTI, Richard – *Não Pise na Bola,* cap. "Casamento". Matão: Casa Editora O Clarim, 1996.

VALENTI, Maria Cotroni – *A Vida Nossa de Cada Dia,* cap. "União conjugal". São Paulo: Editora Aliança, 2005.

XAVIER, Francisco C. (André Luiz – Espírito) – *Nosso Lar,* cap. 38 "O caso Tobias". Rio de Janeiro: FEB, 1989.

6 Características do desenvolvimento infantil

"Quando Isabel ouviu a saudação de Maria, a criança se mexeu dentro dela."

Lucas, 1:41

Tema / Conteúdo

Características do desenvolvimento infantil – destacar a importância de conhecer as fases do desenvolvimento infantil para saber o que esperar e exigir da criança.

Motivação Inicial

Comentário – *Pedir que comentem sobre algum fato curioso, citando a idade, que pode ter acontecido com suas crianças ou alguém conhecido. Por exemplo: a criança andou com 9 meses, falou com 8 meses, foi alfabetizada com 4 anos, ligou aparelhos eletroeletrônicos com 6 meses...*

Desenvolvimento da aula

Proposta I — Data: ____/____/______

Planejamento – *Dividir os participantes em grupos e pedir que planejem um momento de lazer, escolham um presente e determinem uma tarefa para que as crianças auxiliem em casa, conforme as seguintes idades: 2, 5, 8 e 11 anos. Em seguida, cada* *grupo expõe o que planejou. Fazer comentários sobre as atividades propostas pelos pais, se estão adequadas ou não à idade, e conduzir o diálogo, baseado nos textos que apontam as características do desenvolvimento infantil.*

EXEMPLO:

	LAZER	PRESENTE	TAREFA
2 anos	Tanque de areia	Blocos	Recolher brinquedos
5 anos	Andar de bicicleta	Bonecos; carros	Molhar plantas com supervisão
8 anos	Futebol; competição em grupo	Coleção; livros ilustrados	Pôr a mesa; alimentar o cachorro
11 anos	Videogame; computador	Jogos de estratégia	Lavar louça; arrumar a cama

Características de 0 a 3 anos

- De 0 a 4 meses:

Não distingue entre a mãe e si mesmo (simbiose);

Centralizada em seu corpo (egocentrismo);

O choro é uma atividade importante, que revela necessidades fisiológicas, desejos, desconforto, dor, falta de carinho etc.;

Descobre as mãos – a criança se desenvolve quando se torna capaz de estender as mãos, pegar e manejar objetos;

Ouve sons e percebe de onde vêm, querendo buscá-los, assim como a luz;

Necessita de expressões de carinho;

Desenvolve a inteligência sensorial-motora – as ações têm como função alcançar seu fim, por exemplo, puxar a toalha para pegar um objeto que está sobre ela.

- De 4 a 8 meses:

Os objetos que saem de seu campo de visão deixam de existir;

Alcança, agarra e joga os objetos no chão repetidas vezes;

Interessa-se pelas próprias ações, observa um pouco mais aquilo em que está mexendo;

Gosta de sacudir chocalhos para ouvir o barulho.

- De 8 a 12 meses:

Percebe que as coisas acontecem, apesar de sua vontade;

Vai em busca do objeto que saiu de seu campo de visão;

Gosta de brincar no chão com brinquedos coloridos e que emitem sons;

É muito interessada em novidades, possui grande curiosidade.

- De 12 a 24 meses:

Imita os acontecimentos para compreender o que acontece (dormir, comer, tomar banho);

Comunica-se por meio de gestos;

Interessa-se por jogos de construção com cubos coloridos de madeira, por exemplo.

- De 24 a 36 meses:

Compreende o sentido das palavras antes de poder usá-las – quando perguntada sobre onde está a mamãe, vira-se e olha para ela;

Desenvolve a linguagem (comunicação verbal), o que não significa que esteja formando conceitos;

Inicia o desenvolvimento da função simbólica – um pedaço de pau pode ser um cavalo e um tronco de árvore, um castelo;

Gosta de ser o centro do universo – colabora pouco;

Aos 3 anos começa a aceitar brincadeiras mais associativas, em pequenos grupos;

Entende o que é frente, atrás, em cima, embaixo;

Tenta reproduzir atitudes dos adultos;

Realiza intensamente exploração sensorial e motora – mexe em tudo, exigindo muita paciência e atenção;

Melhora a coordenação de movimentos (verticais e horizontais);

Mantém a concentração por 3 a 5 minutos.

Importante:

Nesta fase predomina a anomia – ausência de regras – a criança não mede consequências, por isso é importante muita atenção e cuidado.

Não gosta de ficar longe dos pais ou de pessoas com quem se sente segura.

Características de 4 a 6 anos

Encontra-se no período pré-operacional;

É egocêntrica, tem incapacidade de se colocar no lugar dos outros;

Desenvolve a capacidade simbólica;

Dá vida aos objetos – animismo;

Tem grande imaginação, seu mundo é povoado por personagens da sua criação;

Identifica-se com os brinquedos;

Dramatiza com facilidade e alegria;

Apresenta o pensamento ligado às percepções visuais;

Desenvolve a linguagem e amplia o vocabulário;

Desenvolve o pensamento graças à linguagem;

Não compreende raciocínios abstratos;

Caracteriza-se por centralização – é incapaz de levar em conta mais de uma dimensão ao mesmo tempo;

Tem percepção de ordem, forma e detalhe;

Desenvolve o sentido do tempo (manhã, tarde, ontem, hoje e amanhã);

Tem dificuldade em distinguir o que é verdade do que não é;

Mantém o interesse por causa do gosto em repetir as coisas, apesar da curta duração da atenção;

Gosta de imitar a linguagem, os hábitos e as maneiras de ser dos que a cercam;

Faz questão de contar suas experiências / fantasias;

Gosta de inventar, de fazer coisas novas;

Mantém a concentração por 10 a 12 minutos;

É muito curiosa e faz perguntas infindáveis – fase dos "porquês".

Aceita regras, que passam a ser "sagradas" – heteronomia;

Progressivamente mostra-se capaz de aceitar restrições e limites necessários à vida em grupo;

É mais sociável, tem sentido de grupo;

Consegue organizar-se em grupos cada vez maiores;

Quando contrariada, chora, resmunga ou faz caretas;

Reage melhor quando estimulada do que quando censurada;

Gosta de se sentir bem aceita e querida e de receber a aprovação do adulto, cuja companhia aprecia e de quem necessita muito;

Discute e briga por causa de material ou propriedade individual;

Fica contente por ter amigos, embora brigue facilmente com eles;

Gosta de estar perto do adulto e de ajudá-lo em pequenos serviços;

Assume algumas responsabilidades, realizando tarefas à altura das suas capacidades;

Menino e menina brincam bem juntos;

Realiza grande atividade física;

Continua a exploração sensorial e motora;

Tem prazer em experimentar, mexe em tudo;

É ativa, o ritmo está bem desenvolvido;

Gosta de estar sempre ocupada, tem sede de movimento, não para quieta;

Suas mãos podem continuar trabalhando enquanto observa os outros;

Exibe boa coordenação dos grandes músculos (correr, pular, trepar etc.);

Tem pouco domínio sobre os pequenos músculos, a coordenação motora fina não está bem desenvolvida.

Apresenta dificuldade para lidar com lápis, papéis pequenos, objetos menores, para pegar uma bola que lhe é arremessada, para amarrar sapatos;

Ao aproximar-se dos 6 anos, já apresenta melhor coordenação de movimentos. É capaz de pegar uma bola grande entre as duas mãos, lançada de pequena distância, e pular num pé só;

Cansa-se facilmente e tem necessidade de repouso, embora venha, aos poucos, abandonando a sesta;

Quando cansada, fica desassossegada ou irritada;

Melhora a acuidade visual e auditiva;

Começa a ganhar força;

Os dentes de leite começam a ser substituídos por dentes permanentes;

Os ossos não apresentam calcificação completa;

Tem coração e pulmões pequenos em relação à sua altura e ao seu peso.

Características de 7 a 9 anos

Visão de mundo

O sentido de justiça é ainda muito rígido, pois está relacionado à objetividade dos atos. Tudo tem que ser dividido igualmente e ninguém pode ficar com a melhor parte.

Começa a compreender a mentira. Enganar os amigos é considerado mais grave do que mentir para um adulto.

Precisa de limites que sejam claros e previsíveis.

Valoriza a ordem e a organização, em parte porque ainda não é madura o suficiente para criar e manter uma ordem própria.

Aprecia a rotina, a regularidade e os pequenos rituais.

Adora as boas causas, a cuja defesa pode se entregar com entusiasmo, sem ter a menor dúvida de que está do lado certo.

Acredita que os adultos estão de pleno acordo entre si sobre o que é certo e o que é errado.

É capaz de fazer escolhas, mas ainda não está preparada para fazer todas as escolhas. Em qualquer nova atividade, é de muita ajuda quando os pais demonstram plena confiança de que tal atividade realmente trará satisfação, e não deixam que a criança tome todas as iniciativas e decisões sozinha.

Experimenta um novo grau de independência, mas necessita de amparo e apoio firmes.

Gosta de montar coleções, que cumprem diversas funções: unir ainda mais a criança a seu grupo de amigos; praticar a competição com segurança; aprender a trocar, negociar, comparar; sentir-se "muito rica" ao juntar uma grande quantidade de objetos; pode tornar-se um verdadeiro *expert* – capaz de organizar, listar e falar sobre suas coleções de forma meticulosa e cuidadosa.

Relacionamentos

Deixa de ser egocêntrica. Surgimento de uma moral de cooperação e de autonomia pessoal.

Consegue discutir porque não confunde mais seu próprio ponto de vista com o dos outros. É capaz de compreender os pontos de vista do adversário e procurar justificativas ou provas para a afirmação própria.

Aprecia regras e instruções claras.

Participa de jogos com regras, controlando-se uns aos outros de modo a manter a igualdade frente a uma lei única.

Compreende "ganhar" (um jogo) no sentido coletivo: ser bem-sucedido depois de uma competição com regras.

Tem condições de empenhar-se em resolver as dificuldades de se adaptar a um grupo, de dividir, de ver o ponto de vista das outras pessoas.

Dá crescente importância aos grupos (escola, times, turmas, amigos) e considera os adultos importantes na medida em que são necessários para que os grupos se mantenham.

Tem necessidade de estar segura da própria identidade, daí a separação decisiva que acontece na maioria dos grupos de crianças a maior parte do tempo: meninos brincam com meninos, e meninas com meninas.

Desenvolvimento cognitivo

Início da construção lógica (o sistema de relações que permite a coordenação dos pontos de vista entre si).

Pensamento concreto. Pensa concretamente sobre cada problema à medida que a realidade os propõe, e não liga suas soluções por meio de teorias gerais, das quais se destacaria o princípio.

As operações da inteligência são, unicamente, concretas, isto é, só se referem à própria realidade e em particular aos objetos tangíveis, suscetíveis de serem manipulados e submetidos a experiências efetivas.

Quando o pensamento da criança se afasta do real, é simplesmente porque ela substitui os objetos ausentes pela representação mais ou menos viva, esta se acompanhando de crença e equivalendo ao real.

É por este motivo, em especial, que sente certa dificuldade em resolver na escola problemas de aritmética, embora estes dependam de operações bem conhecidas. Manipulando objetos, raciocina sem obstáculos; mas os mesmos raciocínios sob forma de enunciados verbais, isto é, no plano da linguagem, tornam-se muito mais difíceis, já que estão ligados a simples hipóteses sem realidade efetiva.

Pensa antes de agir, começando a conquista do processo difícil que é a reflexão.

Possui concentração no trabalho individual e colaboração efetiva na vida comum.

Desenvolve a coordenação motora fina – fase de alfabetização.

Mantém a concentração por 20 minutos.

Possui vocabulário de aproximadamente 20 mil palavras.

Desenvolvimento físico

Os braços e pernas se alongam, ficando maiores que o tronco.

A fisionomia começa a ficar mais definida.

Características de 10 a 11 anos

Visão de mundo

Época de transição, quando descobre que as regras da vida estão se tornando cada vez mais complicadas;

Começa a se dar conta de que o mundo é maior e menos reconfortante do que parecia ter sido até então. Esta descoberta pode fazê-la mudar de um estado para outro (ora parecendo confiante e à vontade, ora completamente perdida). A fragilidade e a insegurança podem ser um choque tanto para a criança como para seus pais;

Os padrões individuais de reação já estão definidos e a criança começa a reconhecer esse fato. É capaz de refletir sobre si mesma e de avaliar a própria individualidade e capacidades particulares, e também de avaliar as dos outros;

Sente a necessidade de se reunir e de deixar de ser tão dependente de sua família;

Precisa descobrir quem é, impor seus direitos, pensar no que quer para si mesma, no que sabe fazer bem e enfrentar o que não sabe e que tem que ser trabalhado;

Tem ideias diferentes dos adultos sobre o que é certo e isso é um meio importante de organizar suas próprias concepções. Os pais que se chocam com as ideias mais arrojadas de seu filho ou que as desaprovam com rigor não o ajudam a formar uma visão equilibrada das coisas.

Relacionamentos

Fortalece amizades e torna-se muito mais independente;

Os amigos passam a ser não somente aqueles com quem brinca, mas sobretudo os que forem sinceros e constantes;

Fica arrasada quando se sente traída em questões importantes e o sentimento de solidão que se segue é intenso;

Descobre, com certa autoconfiança, qual é o seu lugar na escola e na sala de aula, ao mesmo tempo em que está sempre desafiando, argumentando sem parar sobre questões de justiça e sentindo-se arrasada com a experiência de ser rejeitada;

Pode rejeitar os esforços dos pais para serem amigos e protetores;

Necessita que os pais respeitem seus esforços para enfrentar os grandes desafios de um mundo agora maior e que permitam quedas sem serem superprotetores;

Os *hobbies*, em geral muito importantes nesta idade, podem às vezes parecer uma barreira entre pais e filhos;

Atividades como jogos de computador, de natureza solitária, são uma maneira da criança se isolar do mundo, criando um lugar só para ela, livre dos adultos, onde se refugia dos problemas e preocupações que a afligem;

Necessita de pais tolerantes, que a protejam, bem como de desenvolver a capacidade de tolerar a própria sensação de ser pequena e de não conseguir enfrentar as dificuldades;

A convivência em grupo é sempre melhor que o isolamento, pois é só no meio dos problemas das amizades e da escola que os valores e padrões podem ser testados, as lealdades podem tomar forma e a criança pode decidir em que acreditar ou não;

As meninas tendem a ter uma "melhor amiga", e os grupos surgidos são de "melhores amigas". Ocorrem trocas de melhores amigas, o que provoca grande sofrimento, mas proporciona o aprendizado do efeito do próprio comportamento sobre os outros, e do comportamento dos outros sobre si;

Os meninos se reúnem para perseguir algum interesse e estão menos interessados na relação de uns com os outros do que no que estão fazendo;

Os meninos são competitivos, brigam uns com os outros. Às vezes são brigas físicas, outras são verbais;

Há muita lealdade, apesar de haver competição e rivalidade nos grupos de meninos. Os papéis costumam ser bem definidos como, por exemplo, o de líder, e a rivalidade maior é entre um grupo e outro. Tanto grupos de meninos como de meninas mantêm a harmonia à custa de inimigos externos;

Os grupos são importantes como espaços para a prática do relacionamento até os 13 anos, quando tendem a se desfazer e se formam os pares;

Criança que evita o contato com outras às vezes se queixa de intimidação. É possível que tenha passado por experiências na escola que justifiquem essa crença. Outra que se queixa de ser intimidada também intimidou no passado;

A autoconsciência crescente da criança de 11 anos, considerada juntamente com a crescente ênfase no desempenho na educação e nos jogos competitivos, tende a fazer com que se compare uma com a outra. Podem se desenvolver rivalidades dolorosas. Às vezes, a competição pode ser um estímulo a mais para que se empenhe, mas para muitas crianças provoca desespero e reforça a tendência para desistir;

Tendo prazer na independência e no sentimento de individualidade em desenvolvimento, muitas crianças de 11 anos estão mais aptas a observar as outras pessoas e a refletir sobre elas. São muito mais tolerantes com as imperfeições do que eram até então, e ao verem amigos precisando de ajuda oferecem auxílio, com mais compreensão do que quando eram menores – a prestimosidade pode estar baseada em certa compreensão da situação do outro;

Gosta de fazer coisas junto com outras pessoas e tem mais capacidade de trocar ideias do que antes – experimenta as habilidades sociais da observação e da conversação.

Desenvolvimento cognitivo

Mudança intelectual: depois de ter aprendido as regras, começa a querer descobrir o que se oculta por trás das regras e a tentar resolver as coisas sozinha;

Desenvolve a capacidade de traçar planos, que poderá ajudá-la em situações futuras, confiante de que tem força e coragem para lidar com elas;

A capacidade de traçar planos reduz a emoção de jogar certos jogos com os quais se empolgava antes, tentando acertar na base da sorte;

Ao depararem com problemas que pareciam fáceis e perceberem que não são tão fáceis assim, algumas crianças podem se agarrar a velhos métodos como forma de fugir à pressão de entender regras mais complexas ou, ao contrário, deixar para trás os métodos conhecidos, como se eles não pudessem ter mais uso;

Tem preocupação com questões como justiça, que se manifesta como questionamentos às opiniões dos pais, de uma forma não desafiadora (como será na adolescência), mas seguindo um raciocínio. É importante discutir os valores nos quais a família acredita sem autoritarismo, ouvindo as opiniões da criança e não combatendo-as;

Começa a se interessar em discutir as injustiças relacionadas a assuntos mundiais (assuntos ecológicos, vegetarianismo, animais de estimação...), porém, para a criança, o foco principal é a possibilidade de expressar sua opinião;

Dá a impressão de que já é capaz de administrar a sua vida, mas é uma competência incipiente;

Se não é informada de problemas que estão ocorrendo em casa, imagina explicações que podem ser mais inquietantes e exageradas do que o fato real – portanto as dificuldades devem ser explicadas com calma, pois sua capacidade de refletir e falar a respeito dá aos pais a possibilidade de serem compreendidos;

Começa a pensar e a aprender usando a mente de maneira mais lógica. Recorre à memória para desenvolver um argumento, capacidade que se desenvolve durante a adolescência e prossegue durante toda a vida;

A capacidade de pensar de modo mais abstrato contribui para uma independência cada vez maior e mais evidente. É possível lhe explicar dificuldades da família, discutir planos com ela. Os interesses de leitura mudam de histórias com tramas diretas para livros mais complexos, que exploram os relacionamentos e as situações. Começa a pensar sobre o pensamento em si;

É capaz de aprender através de aulas mais teóricas, desde que tenha dominado as habilidades básicas de leitura, escrita e cálculo;

A resposta a provas e avaliações pode ser muito influenciada pela experiência pessoal. Pais que foram muito pressionados para serem bons alunos podem, por sua vez, alimentar a mesma expectativa em relação aos filhos. Para eles é difícil encorajar o filho que encontra dificuldades nos estudos.

Desenvolvimento físico

Tem interesse pelo que seu corpo consegue fazer e por isso gosta de se submeter a fantásticos testes de resistência e adora participar de competições que apresentem tais desafios;

A ansiedade provocada pelas mudanças da puberdade, que ainda não começou, está sempre presente, embora não seja percebida pela criança e/ou por seus pais;

Meninos e meninas quase sempre abordam o sexo com risinhos e brincadeiras dentro de seus grupos e também com provocações mais diretas de um grupo em relação ao outro. Estes comportamentos são uma maneira de lidar com a ansiedade;

As meninas aliviam as tensões da ansiedade em relação ao seu desenvolvimento sexual com risadinhas em grupos só de meninas; e os meninos fazem piadas fortes;

Os grupos homogêneos (de meninas ou de meninos) formados para a conversa sobre sexo podem contribuir para a definição do que é ser menino ou ser menina, mas também podem se tornar agressivos quanto às diferenças e em particular quanto àqueles que não se enquadram no grupo;

As crianças que sofrem abusos sexuais podem apresentar mudanças perturbadoras no comportamento e ter dificuldades para falar, tentando negar para si mesmas a experiência traumática. Esses casos devem ser levados ao conhecimento de organismos profissionais, como grupos de proteção à criança e centros de apoio a crianças e famílias;

Os padrões de comportamento aceitáveis para meninos e meninas baseiam-se fundamentalmente no que cada um traz de casa, pois o modelo de comportamento feminino e masculino deriva das observações e investigações do comportamento dos pais ao longo dos anos;

O início das mudanças da puberdade são sentidos pela grande maioria, que virá mais cedo para as meninas;

As reações das meninas às mudanças físicas são variadas: algumas ficam desconcertadas, achando que ainda são muito jovens e querendo ser cuidadas pelos pais; outras interpretam como um sinal de que não precisam mais ouvir o que suas mães dizem e se esquecem de que precisam do adulto para terem acesso a mais experiência de vida; e há ainda as que compensam o medo das mudanças comportando-se de modo mais infantil do que antes;

Com a maturidade sexual, algumas meninas sentem-se superadultas e sensuais. Porém, sua noção de adulto muitas vezes será artificial, baseada em ideias concebidas a partir de romances ou da televisão – uma versão infantil do que é ser adulto;

Os meninos, de modo geral, enfrentam a puberdade com mais facilidade do que as meninas, já que as modificações físicas são em menor número e vividas mais tarde, portanto, com mais experiência;

Estão preparando-se para crescer – comer e dormir é muito importante. Podem surgir distúrbios como anorexia, obesidade, que se manifestam como sintomas de outros problemas. Portanto, para controlar os distúrbios alimentares é importante verificar qual a origem deles.

Finalização da aula

É importante saber que existem as fases de desenvolvimento pelo qual toda criança passa. Ler, então, e refletir sobre a seguinte passagem de O Evangelho segundo o Espiritismo:

"A partir do nascimento, suas ideias retomam gradualmente o seu desenvolvimento, acompanhando o crescimento do corpo.

Pode-se assim dizer que, nos primeiros anos, o Espírito é realmente criança, pois as ideias que formam o fundo do seu caráter estão ainda adormecidas. Durante o tempo em que os seus instintos permanecem latentes, ela é mais dócil, e por isso mesmo mais acessível às impressões que podem modificar a sua natureza e fazê-la progredir, o que facilita a tarefa dos pais."

Complementos

▪ Bibliografia

AUTORES DIVERSOS – *Curso de Preparação para Evangelizador Infanto-juvenil,* cap. 7. São Paulo: Editora Aliança, 2001.

KARDEC, Allan – *O Livro dos Espíritos,* questões 382 e 383. São Paulo: LAKE, 2001.

KARDEC, Allan – *O Evangelho segundo o Espiritismo,* cap. VIII, item 4. São Paulo: LAKE, 2002.

▪ Dicas

A divisão por faixa etária na Evangelização Infantil é feita com base nas características de desenvolvimento biopsicossocial das crianças, a fim de facilitar o planejamento da aula e oferecer atividades adequadas.

7 Participação na vida dos filhos Ausência / Superproteção

"Se uma criança se torna má, apesar dos cuidados de seus pais, eles são responsáveis?

– Não; porém quanto mais as disposições da criança são más, mais a tarefa é difícil e maior será o mérito se conseguirem desviá-la do caminho do mal."

Allan Kardec
O Livro dos Espíritos, questão 583.

Tema / Conteúdo

Participação na vida dos filhos/Ausência/Superproteção – dialogar sobre a qualidade na participação na vida dos filhos.

Motivação Inicial

Questionamento – *Fazer a pergunta a seguir e ouvir atentamente as respostas.*

Quanto tempo por dia os pais devem dedicar aos filhos?

Desenvolvimento da aula

Proposta I **Data: ____/____/______**

Dinâmica – *Dividir os pais em dois grupos e pedir que discutam as seguintes situações. Em seguida, cada grupo deve* *apresentar as conclusões a que chegou, que poderão ser complementadas utilizando as sugestões do gabarito.*

Grupo A – Ausentes

A1 – Os pais são ausentes por falta de tempo.

A2 – Os pais estão presentes fisicamente, mas excluem os filhos.

A3 – Os pais não interferem na vida dos filhos porque têm medo de errar, de não saber como resolver.

A4 – Os pais buscam compensar a ausência com bens materiais.

Grupo B – Superprotetores

B1 – Os pais exercem controle excessivo, impedindo que os filhos tenham suas próprias vivências.

B2 – Os pais exercem controle excessivo, impedindo os filhos de terem privacidade.

B3 – Os pais sobrecarregam os filhos com atividades dirigidas, controlando suas saídas e o tempo livre, estando as crianças sempre monitoradas.

B4 – Os pais controlam excessivamente por se preocuparem com o que os outros vão dizer do jeito que educam.

B5 – Pais que fazem interrogatório, para saber como foi o dia dos filhos e recebem respostas curtas e evasivas, que os levam a aumentar o interrogatório.

Gabarito

A1 – O uso do tempo é questão de prioridades. Dedicar-se integralmente durante o tempo que disponibilizar para a convivência com os filhos, mesmo que seja 15 minutos.

A2 – A mera presença física não é garantia de participação na vida dos filhos. É necessário ouvir, dar atenção, levar em conta a opinião dos filhos, cultivar os vínculos com os filhos, contando histórias sobre a vida familiar, estar disponível, ensinar a conviver com respeito, impor limites.

A3 – Não há como garantir que nossas decisões darão 100% certo. Temos que aceitar a possibilidade do erro, arcar com as responsabilidades e tomar novas decisões que acertem o rumo. O erro faz parte do aprendizado. Conhecer as características do desenvolvimento infantil pode ajudar a ter mais segurança nas decisões.

A4 – Bens materiais não substituem as necessidades de apoio emocional e podem levar as crianças a entender que para demonstrar amor, o importante são as sensações proporcionadas pela matéria e não os sentimentos.

B1 – É importante lembrar que o real aprendizado advém da experiência própria. A informação recebida só vai se transformar em conhecimento se a colocarmos em prática, através de nossas ações. Dar oportunidade aos filhos de terem suas próprias vivências com segurança.

B2 – A falta de privacidade gera insegurança, pois a sensação de "todos sabem como eu sou" e ter seus "podres" expostos a quem quer que seja, impede que a criança se manifeste livremente, inibindo seu desenvolvimento natural.

B3 – É importante que a criança tenha tempo livre para exercitar a criatividade, para brincar e desenvolver a curiosidade. A sobrecarga de atividades pode resultar em doenças (depressão, lesões físicas por excesso – L.E.R., falta de tempo para estudar).

B4 – Superproteger temendo mais o que possa acontecer consigo mesmo do que com os filhos pode significar egoísmo ou vaidade em excesso.

B5 – Participar, conviver é interagir. Um interrogatório não proporciona interação e pode parecer uma ameaça. Para interagir é importante dialogar, fugindo do papel de inquisidor.

Proposta 2 **Data: ____/____/______**

***Leitura** – Ler (ou distribuir) a primeira parte do texto e fazer as perguntas a seguir, ouvindo atentamente as respostas. Em seguida, ler (ou distribuir) a segunda parte do texto para a conclusão.*

- Qual o sentimento expresso pelo narrador?
- Você se identifica com algo do texto?
- O pai / autor demonstra estar inseguro. Você tem alguma sugestão que possa ajudá-lo?

Me dói muito não saber como agir com os meus filhos.

Não vejo que as qualidades neles sejam transferência direta minha.

Seus méritos ou defeitos são deles mesmos. Mas me incomoda não ter minha orientação aceita por eles.

Temo pelo futuro deles. Temo estar falhando em algo. Estar cego e surdo ao que acontece dentro do meu lar.

Até que ponto minha intervenção é benéfica?

Até que ponto serei cobrado por minha omissão?

Será que nunca vou acertar este tempero?

Por que os filhos testam tanto os pais? No plano espiritual tudo já não foi bem combinadinho?

A coisa vai indo mais ou menos no piloto automático até que as crianças começam a suplantar as expectativas dos pais com surpresas. Com atitudes não esperadas, sejam na primeira infância ou na adolescência.

Diálogo é bom, mas por vezes é impraticável.

Orar ajuda quando existe receptividade.

Estudo por parte dos pais também vai ajudar o entendimento dessas fases complexas do ser humano. Quem sabe isto gera um tipo de aceitação e assim o tempo passa e o rumo vai mudando para melhor.

Os pais já foram crianças e jovens. Então, que saibam respeitar a vida dos filhos, porém sem se desligarem dos compromissos assumidos anteriormente.

Psicografado por Beth em 17.04.2008

Proposta 3 **Data: ____/____/______**

No Evangelho *– Fazer a pergunta a seguir, ouvindo atentamente as respostas. Após a discussão, ler* O Evangelho segundo o Espiritismo, *capítulo XXV, item 6, observando o que Jesus falou acerca da preocupação.*

- Em que nível devemos nos preocupar com o desenvolvimento de nossos filhos?

Finalização da aula

Ler o texto a seguir ou reproduzi-lo para distribuição.

Os pais precisam participar de forma efetiva e equilibrada na vida dos filhos. Não podem ser ausentes e tampouco superprotetores, "nem tanto ao céu, nem tanto à terra". Os extremos podem interferir de forma negativa na vida e na formação da criança.

No lar onde os pais são participativos, os filhos têm espírito de iniciativa, expressão espontânea, participação nas conversas e na tomada de decisões familiares, são criativos, originais, desenvoltos e abertos. A ausência e o abandono dos pais podem causar transtornos psicológicos. A falta de tempo dos pais e a não dedicação para educar seus filhos, delegando a tarefa de educadores a terceiros ou a exposição da criança ao meio externo (a rua), muitas vezes são prejudiciais, como uma influência geralmente não muito positiva à sua formação.

Uma criança precisa da proteção que indica limite, cuidado, zelo, acompanhamento de como lidar com os erros e acertos.

A superproteção gera muitas vezes dependência, falta de iniciativa, insegurança, incapacidade de socialização, cobrança excessiva. É claro que temos de proteger nossos filhos, mas proteger significa, também, mostrar os riscos de buscar os seus espaços, de brincar espontaneamente, de ser responsável por si. Não devemos tirar o direito dos nossos filhos de passar pelas suas experiências.

Psicografado por Nivaldo em 17.04.2008

Complementos

▪ Bibliografia

KARDEC, Allan – *O Evangelho segundo o Espiritismo,* cap. XXV, item 6. São Paulo: LAKE, 2002.

KARDEC, Allan – *O Livro dos Espíritos,* questão 583. São Paulo: LAKE, 2001.

VALENTI, Maria Cotroni – *A Vida Nossa de Cada Dia,* cap. "Lar – Pais e filhos". São Paulo: Editora Aliança, 2005.

8 Boas maneiras

"Tratai todos os homens como quereríeis que eles vos tratassem."
Lucas, 6:31.

Tema / Conteúdo

Boas maneiras – incentivar o cultivo de hábitos de gentileza e boa postura em diferentes ambientes e situações.

Motivação Inicial

Questionamento – *Fazer as perguntas e ouvir atentamente as respostas dos participantes.*

Para você, o que é uma criança bem-educada?
Onde se demonstram as boas maneiras?

Desenvolvimento da aula

Proposta I **Data:** ____/____/______

Questionamento – *Fazer as perguntas a seguir e anotar na lousa as respostas dos pais. Encaminhar as discussões, usando como base as observações que seguem.*

- O que é ser bem-educado no lar, na escola, no centro, em lugares públicos...?

Discutir sobre a questão da boa educação em áreas públicas: não jogar lixo no chão, respeitar filas, não fumar em áreas não permitidas, respeitar as leis de trânsito, mostrar-se solícito e prestativo para auxiliar idosos, deficientes que estejam em dificuldade para atravessar uma rua, apanhar alguma coisa no chão, oferecer lugar em coletivos.

- O que fazer para que seu filho seja uma pessoa bem-educada?

Conversar sobre tratar o outro como gostaria de ser tratado! Reconhecer que o outro é diferente de você! Não fazer o outro esperar quando combinar um encontro. Usar os princípios evangélicos para saber o que é certo.

- Você é um bom exemplo de gentileza para seu filho?

Comentar sobre o exemplo dos adultos, a necessidade de se transformarem para que sirvam de exemplo (Reforma Íntima), sobre a importância de se oferecer oportunidades para que as crianças exercitem a educação.

Abordar também o uso de palavrões, palavras e atitudes agressivas.

- O que você acha de deixar para a escola ensinar boas maneiras no lugar da família?

Salientar a responsabilidade dos pais ou responsáveis em ensinar as "palavras mágicas" (por favor, obrigado, bom dia, com licença...), mesmo que por formalidade. Cumprimentar os pais, os irmãos, toda noite ao deitar-se e toda manhã ao levantar-se. Cumprimentar quando chegar e despedir-se ao sair.

- O que você espera do seu filho em relação às boas maneiras?

Ressaltar a necessidade de educar para que a criança saiba como agir em situação de total liberdade (sem censuras, sem restrições impostas).

Proposta 2 Data: ___/___/_____

Leitura *– "Fórmula para melhorar a sociedade", capítulo 9 do livro* Caminhos de Libertação, *de Valentim Lorenzetti – Ler na íntegra ou em parte e conversar sobre a existência, no cotidiano de cada um, das situações mencionadas no texto.*

"A paisagem social da Terra se transformaria imediatamente para melhor se todos nós, quando na condição de espíritos encarnados, nos tratássemos, dentro de casa, pelo menos com a cortesia que dispensamos aos nossos amigos."

Este é mais um ensinamento do Espírito André Luiz, no livro *Sinal Verde*, psicografado por Francisco Cândido Xavier – um verdadeiro manual de boa conduta espiritual, contendo regras para garantia de saúde interior.

André Luiz nos chama a atenção para um fato comum, de nosso dia-a-dia: em casa, nos entes queridos, normalmente acabamos despejando nossa irritação e nossa má educação. Na rua ou no trabalho, com colegas ou superiores hierárquicos, somos normalmente cordatos; muitas vezes nos esforçamos para não agredi-los, mas a regra geral é que os tratamos com educação. Não gostamos de ser tomados à conta de desequilibrados ou mal-educados pelos nossos colegas ou chefes.

Entretanto, chegando em casa abrimos as comportas. Mostramos nosso desequilíbrio aos familiares. Muitos alegam: "É um desabafo; passo o dia inteiro recalcado, chego em casa e estouro". Como se o "estouro" ajudasse alguém a se reequilibrar... Devemos entender, ao contrário, que, se chegarmos em casa acabrunhados pelos incidentes da vida diária e nos mostrarmos cordatos com nossos familiares, inspiraremos simpatia. Isto é, pela lei de reciprocidade, acabamos recebendo cordura de nossos entes queridos. Cordura que nos acalmará, nos reconfortará.

Ao contrário, se chegarmos em casa agredindo todo mundo, receberemos agressão de volta. Assim, carregados de angústia que estávamos, acumulamos sobre nós mais o peso da angústia e da insegurança que inspiramos em nossos familiares. Pioramos bastante nossa própria situação.

Deveríamos lembrar que está em nossas mãos modificar a paisagem social da Terra. E que essa modificação não exige grandes façanhas ou estranhas divagações filosóficas; basta, apenas, que no lar sejamos tão educados como o somos na rua ou no nosso ambiente de trabalho. Pois um lar equilibrado dará mais equilíbrio a seus membros. Homens equilibrados fatalmente darão uma sociedade mais equilibrada.

Para ajudar a aplicarmos melhor esse ensinamento talvez fosse interessante atentarmos para esta frase, também de André Luiz:

"Aprendamos a ouvir sem interromper os que falam à mesa doméstica, a fim de que possamos escutar com segurança as aulas da vida."

Ouvir, mesmo que estejamos a ponto de estourar, pode nos trazer dois benefícios: 1º) a alegria de havermos proporcionado a alguém oportunidade de expor seu problema e, a nós, de ajudar na solução; 2º) de termos aprendido alguma coisa com a lição que o outro relatou.

Proposta 3 **Data: ____/____/______**

Casos *– Ler os casos e pedir que os participantes comentem como agiriam numa situação semelhante, se já presenciaram*

alguma cena parecida ou que deem um depoimento de alguma vivência. Conduzir o diálogo, baseando-se nas sugestões.

Caso 1

Uma criança, brincando num parque, machuca outra criança sem querer. A mãe a chama e lhe dá a maior "bronca". Outros adultos presentes se dirigem à mãe e falam:

— Não a repreenda dessa maneira, pois foi sem intenção maldosa que aconteceu isto.

E a mãe responde:

— A filha é minha! E eu é que a educo!

Salientar que o comportamento do adulto é sempre um exemplo para a criança. A maneira agressiva de responder demonstra o padrão de tratamento a ser seguido.

Caso 2

Na hora do jantar o pai pede:

— Filho, por favor, me passe o guardanapo.

Depois que é atendido, o pai completa:

— Muito obrigado!

Observar que se pode demonstrar boas maneiras com palavras simples nas situações do cotidiano. Esses hábitos devem ser estimulados no lar para serem estendidos aos demais ambientes.

Caso 3

Você corrige uma criança e escuta dela:

— Você não é minha mãe (ou meu pai)!

O respeito aos "mais velhos" é uma atitude bem pouco valorizada em nossa sociedade atualmente. Lembrar que saber ouvir é um exercício benéfico em qualquer idade.

Proposta 4 **Data: ____/____/______**

No Evangelho *– Ler a passagem a seguir, item 6 do capítulo IX de* O Evangelho segundo o Espiritismo, *de Allan Kardec, para reflexão e comentário dos participantes.*

"A benevolência para com os semelhantes, fruto do amor ao próximo, produz a afabilidade e a doçura, que são a sua manifestação. Entretanto, nem sempre se deve fiar nas aparências, pois a educação e o traquejo do mundo podem dar o verniz dessas qualidades. Quantos há, cuja fingida bonomia é apenas uma máscara para uso externo, uma roupagem cujo corte bem calculado disfarça as deformidades ocultas! O mundo está cheio de pessoas que trazem o sorriso nos lábios e o veneno no coração; que são doces, contanto que ninguém as moleste, mas que mordem à menor contrariedade; cuja língua, dourada quando fala face a face, se transforma em dardo venenoso, quando falam por trás."

Finalização da aula

Ler os textos a seguir ou reproduzi-los para distribuição.

"Não basta que os lábios destilem leite e mel, pois se o coração nada tem com isso, trata-se de hipocrisia. Aquele cuja afabilidade e doçura não são fingidas, jamais se desmente. É o mesmo para o mundo ou na intimidade, e sabe que se pode enganar os homens pelas aparências, não pode enganar a Deus."

Allan Kardec
O Evangelho segundo o Espiritismo

"As pessoas de bons costumes se revelam nos menores atos."

André Luiz
Conduta Espírita

Boas maneiras só têm sentido se servirem para confirmar o que trazemos no coração.

Complementos

▪ Bibliografia

AUTORES DIVERSOS – *Evangelização Infanto-juvenil*: Maternal, aula 5 (Senhor Feliz); Jardim A, aulas 23 (Paulo no lar), 24 (Paulo na rua) e 32 (Chuva de verão); Jardim B, aulas 11 (O tombo) e 23 (Tangu, o urso); Jardim C, aulas 21 (As palavras mágicas) e 35 (Cobras e lagartos); Primário A, aulas 13 (As duas Adrianas), 14 (Obrigada, mamãe) e 26 (O metrô); Primário B, aulas 28 (A desordeira) e 34 (Na escola); Primário C, aula 14 (Boas maneiras). São Paulo: Editora Aliança.

KARDEC, Allan – *O Evangelho segundo o Espiritismo,* cap. IX, item 6. São Paulo: LAKE, 2002.

LORENZETTI, Valentim – *Caminhos de Libertação,* cap. 9 "Fórmula para melhorar a sociedade". São Paulo: Editora Aliança, 2004.

VIEIRA, Waldo (André Luiz – Espírito) – *Conduta Espírita,* cap. 6 "Na via pública". Rio de Janeiro: FEB, 1986.

Compreensão, estímulo, amor: necessidades da criança. 9

"Por que a primeira manifestação de uma criança é de choro?

– Para excitar o interesse da mãe e provocar os cuidados que lhe são necessários. Não compreendeis que, se houvesse apenas manifestações de alegria, quando ainda não sabe falar, pouco se preocupariam com suas necessidades? Admirai em tudo a sabedoria da Providência."

Allan Kardec

O Livro dos Espíritos, questão 384.

Tema / Conteúdo

Compreensão, estímulo, amor: necessidades da criança – entender que as necessidades da criança vão além do físico.

Motivação Inicial

Figuras – *Apresentar três figuras: uma planta, um animal e uma criança. Perguntar o que esses seres precisam para continuar existindo. Ouvir as respostas e salientar que os seres humanos precisam de algo mais do que satisfazer as necessidades materiais.*

Desenvolvimento da aula

Proposta I — Data: ____/____/______

Questionamento – *Ler as questões e ouvir atentamente as respostas. Conduzir o diálogo, baseando-se nas sugestões a seguir.*

▪ Por que os bebês são mais estimulados, tocados, acariciados do que as crianças maiores?

Os adultos ficam mais sensibilizados na presença de um bebê porque reconhecem que ele é totalmente dependente nas suas necessidades de alimentação, locomoção, comunicação e defesa.

▪ Como você se sente quando recebe carinho e atenção, seja no trabalho, em casa ou ao fazer compras?

Se você se sente bem quando prestigiado e atendido prontamente com demonstrações de carinho e presteza, imagine uma criança que na sua total espontaneidade de atitudes solicita uma resposta imediata à satisfação de suas necessidades. Esta demonstração de amor desenvolve a segurança e a autoestima, auxiliando seu amadurecimento.

▪ A criança precisa de amor e compreensão. E como se faz isso na prática para amar e compreender a criança?

Além de satisfazer às necessidades básicas de alimentação, higiene e proteção, a criança necessita de afeto, ser constantemente estimulada, que lhe seja proporcionado um ambiente acolhedor e amoroso. O olhar terno, a maneira calma de falar, o respeito às suas preferências lhe trazem a certeza de que é amada e compreendida.

▪ A Declaração Universal dos Direitos da Criança, ONU, 1959, no seu Princípio 6 diz o seguinte: "Toda criança deve crescer em um ambiente de amor, segurança e compreensão". Você acredita que seja necessária essa recomendação atualmente?

Apesar de a Declaração Universal dos Direitos da Criança ter sido enunciada há mais de 50 anos, ainda hoje é atual e necessária para que os adultos cumpram seu dever de proporcionar um ambiente favorável ao crescimento de toda criança.

Proposta 2 Data: ___/___/_____

Dramatização *– Dividir o grupo em duplas. Determinar rapidamente, sem dar tempo para racionalizações, que em cada dupla, um representará uma criança e o outro será seu pai (ou sua mãe). Sugerir que os pais dramatizem o comportamento positivo e o negativo. Ao final do pequeno teatro, comentar as sensações que viveram ao se colocarem no lugar da criança.*

Situação 1
O pai está vendo TV. A criança interrompe com insistência:
– Pai, hoje na escola aconteceu uma coisa...
Mas, o pai não lhe dá atenção.

Situação 2
A criança, meio triste, diz:
– Me pega no colo?
E a mãe diz que está muito ocupada.

Situação 3
A criança, assustada, diz:
– Estou com medo, posso dormir no seu quarto?
Os pais dizem que isso não é nada, que ela já é grande para sentir medo.

Situação 4
A criança, sozinha, pede:
– Vem brincar comigo?
E o pai pergunta do que gostaria de brincar.

Situação 5
Entusiasmada, a criança pede:
– Amanhã tenho prova, me ajuda a estudar?
A mãe, então, se coloca à disposição.

Situação 6

Trazendo um livro, a criança pede:

– Lê uma historinha pra eu dormir?

– Essa história é muito legal, vamos pra cama pro papai ler.

Finalização da aula (da proposta 2)

Concluir com a leitura do texto a seguir.

Devemos sempre estar atentos às necessidades e dificuldades que nossos filhos enfrentam. Mas devemos compreendê-los não de cima do nosso pedestal de pais, e sim, colocando-nos e lembrando-nos de como nos sentíamos quando tínhamos a sua idade. Pois hoje somos maduros, mas eles ainda não o são; começam a enfrentar o mundo agora e sentem as coisas da vida com muito mais intensidade. Como um bebê que ainda vê vultos e se encanta com um brinquedo colorido que se mexe à sua frente, para ele é uma descoberta intensa, pois há pouco seu mundo se resumia a sensações de tato.

Por isso, irmãos, saibamos dimensionar e compreender o tamanho do mundo que nosso filho vive, na idade que ele se encontra antes de achar que o primeiro amor ou o brinquedo quebrado não têm importância.

Lembremo-nos sempre de que a vivência de sentimentos é outra, muito diferente da nossa.

Psicografado por Marissol em 30.08.2007

Proposta 3 Data: ____/____/______

Texto *– Reproduzir o texto abaixo, recortando-o por parágrafos. Pedir a um participante que pegue um, leia e comente. E assim, sucessivamente, até o final.*

Desde muito pequenas, as crianças sofrem um nível de cobrança muito grande. Na maternidade, logo nas primeiras horas de vida, o neo-pediatra faz testes e dá uma nota para o bebê. Raramente dão nota máxima pelo simples fato de que se a criança vier a ter algum problema, pelo menos, sua avaliação não estava errada. Jogando a responsabilidade por alguma deficiência na própria criança.

A princípio, os pais oferecem uma chupeta para consolo. Depois de alguns meses passam a retirá-la como se aquilo fosse um crime.

Vocês se lembram do filme "Olha quem está falando"? Trata-se de uma comédia em que o bebê, desde a concepção, fala sobre seus sentimentos, sobre suas necessidades. Quem nos dera se pudéssemos escutar este novo ser desde a formação da primeira célula até sua maturidade física e espiritual!

Nós, como pais, queremos compreensão do cônjuge, dos pais, dos filhos, do vizinho e será que nos esforçamos para compreender quem nos cerca, em especial nossos pequenos?

Desejamos só os estímulos positivos de quem nos rodeia, mas como tem sido a nossa palavra, a nossa presença para com todos?

Somos responsáveis por tudo que criamos: os nossos pensamentos, nossas palavras, nossas ações e, principalmente, por nossas criações, isto é, nossos filhos.

Onde existe amor e respeito tudo se resolve.

Não podemos continuar a repetir o modelo da incompreensão, do autoritarismo, dizendo: Meus pais me tratavam mal, me rejeitaram; por isso eu sou assim revoltado e não tenho de onde tirar amor para dar aos meus filhos.

Ou então: Apanhei muito na infância e me considero uma pessoa do "bem"; portanto, agredir meu filho não o tornará infeliz.

Em vez disso, podemos pensar: Puxa! Como me fez falta o diálogo, a interação em família. Portanto, agora vou me esforçar o máximo para promover o afeto, o diálogo junto a minha família toda.

Psicografado por Beth em 30.08.2007

Proposta 4 **Data: ____/____/_____**

Dinâmica *– Colocar vários objetos ou cartazes em diversos níveis de altura na sala. Solicitar aos participantes que, sentados no chão, digam o que conseguem observar. Repetir a atividade, sentados numa cadeira, em pé e, se possível, sobre cadeiras ou outros suportes. Conversar sobre a diferença entre o olhar do adulto e o da criança.*

Finalização da aula (da proposta 4)

Concluir com o texto a seguir, que pode ser lido na íntegra ou em parte.

Queridos pais

Os seus filhos são pequenos presentes que Deus colocou em seus caminhos; para resgatar e aprimorar o seu amor. A capacidade de amar, perdoar, compreender, sentir e evoluir está nos filhos, que são dádivas e desafios para assumirem o compromisso com o Pai que os ama e concede todas as necessidades materiais e espirituais. Esperam muitas vezes que a compreensão da criança seja como a do adulto, mas já se esqueceram das mesmas idades que vivenciaram no passado. Olhem as crianças como crianças simplesmente, que têm o olhar de quem procura amor e devem receber amor de quem as educa, não só para a vida material, mas para a vida eterna, pois também são as sementes que darão frutos, os futuros pais do amanhã. Além das necessidades materiais do abrigo, do agasalho e do alimento, precisam do cobertor do amor, da paciência, do diálogo, mas este diálogo deve ser, de preferência, na mesma altura do olhar da criança. Abaixem-se e olhem no horizonte dos pequenos olhos que buscam apoio, amor e compreensão. O diálogo deve fluir no olhar da criança como se admirassem um horizonte iluminado, à espera de conquistas.

Conquistem os seus filhos primeiro pelo olhar firme, que ama e educa. Nunca os amedrontem ou agridam com o seu pequenino poder incontrolável, pois os desafios estão em saber amar estes pequenos seres que estão chegando a cada minuto. Os pais têm a missão e o dever de amar incondicionalmente, independentemente das casualidades que julgam nas experiências de suas vidas conjugais.

Não deleguem aos outros o amor, que só vocês podem dar ou resgatar. Amem com alegria a missão que Deus lhes deu, a grande oportunidade de construir na criança a esperança da luz e do amor das futuras gerações de espíritos que estarão por vir. Amem, e amem com o olhar os seus filhos. Esqueçam as punições físicas, já se foi o tempo da punição e castigos físicos. Hoje o diálogo e o respeito são as melhores maneiras de educar, com amor, a luz que o Pai colocou em suas mãos, mesmo que seja uma pequenina chama que queira se apagar, por defeitos físicos, ou outras limitações, não importa, ali está presente e perante vocês, um justo compromisso de amor que assumiram antes de aqui chegarem a este planeta de provas, expiações e também de muita evolução.

Não se esqueçam de olhar na mesma linha do horizonte junto a seus filhos, caminhem de mãos dadas pela natureza. Façam-nos descobrir as pequenas coisas, que já estão sendo esquecidas por muitos pais, que só veem tecnologias e tecnomanias, com efeitos visuais, que estimulam a inteligência para a vaidade, o egoísmo, o orgulho e o descontrole perante o outro amiguinho da escola ou da rua.

É preciso resgatar o sentido de educar com amor e respeito. E para repor as energias que são destruídas por estímulos visuais de movimento e ação. É preciso reaprender a contemplar uma folha que cai no outono e ver as flores da primavera, ou contemplar uma gota de orvalho numa folha da árvore ou no canteiro do jardim. São contemplações simples que farão essas crianças mais amorosas e que tenham compromissos futuros com a proteção da natureza criada pelo Pai.

Sigam, além do diálogo, os ensinamentos de Jesus e deem exemplos em cada ato de correção. E, antes de dormir e ao acordar, ensinem-nos a pensar sobre o seu dia. Rezem com eles um Pai-Nosso. Reflitam e agradeçam ao Pai, por estarem juntos nesta nova oportunidade para amar e servir de exemplo do amor e da luz do Pai, que nos ama e acolhe, a cada esforço da vida terrena.

Amém.

Irmão Pedro Luiz

Psicografado por Leonel em 30.08.2007

Complementos

▪ Bibliografia

AUTORES DIVERSOS – *Curso de Preparação para Evangelizador Infanto-juvenil*, cap. 6. São Paulo: Editora Aliança, 2001.

Declaração Universal dos Direitos da Criança, ONU, 1959.

VALENTI, Maria Cotroni – *A Vida Nossa de Cada Dia*, cap. "Lar – Pais e filhos". São Paulo: Editora Aliança, 2005.

▪ Dicas

O filme *Olha quem está falando* (1989, *Look who's talking?*, EUA, 93 min, dir. Amy Heckerling) – comédia onde o bebê fala sobre seus sentimentos e suas necessidades.

O filme *O Grilo feliz* (2001, Brasil, 82 min, direção de Walbercy Ribas) – animação onde o personagem principal é um dos habitantes de um pequeno povoado da Floresta Amazônica, que se destaca dos demais por ser sensível, sábio e protetor.

O filme *Minha vida de cachorro* (1985, *Mitt Liv Som Hund*, Suécia, 101 min, dir. Lasse Hallström) – drama que mostra a vida de um menino que é enviado para a casa do tio no interior após o agravamento da tuberculose de sua mãe.

O filme *O tambor* (1979, *Die Blechtrommel,* 141 min, dir. Volker Schlöndorff) – drama/guerra que narra um período pouco antes da 2ª Guerra Mundial, onde Oskar nasce e após completar 3 anos, recusa-se a crescer. À medida que o tempo passa, distancia-se cada vez mais de seu cotidiano; expressa seu desgosto com enervantes rufares de tambor e gritos lancinantes.

10 Elogio, crítica e afeto

"É errado estudar os defeitos dos outros?
– Se é para divulgação e crítica há grande erro, porque é faltar com a caridade. Porém, se a análise resultar em seu proveito pessoal evitando-os para si mesmo, isso pode algumas vezes ser útil. Mas é preciso não esquecer que a indulgência com os defeitos dos outros é uma das virtudes contidas na caridade...".

Allan Kardec
O Livro dos Espíritos, questão 903.

Tema / Conteúdo

Elogio, crítica e afeto – lembrar que são estímulos necessários para a obtenção de um comportamento desejado.

Motivação Inicial

Sorteio de frases – *De dentro de um envelope ou caixa, pedir que os pais retirem papéis que contêm frases como, por exemplo, as seguintes: Você está lindo(a)! Você poderia melhorar seu cabelo! Você está maravilhoso(a)! Você me parece "acabado(a)"! Você não precisava ser grosseiro(a) comigo! Como você é atencioso(a)!*

Depois, perguntar o que sentiram ao ler as frases.

Desenvolvimento da aula

Proposta I **Data: ___/___/_____**

Questionamento *– Colocar uma música suave. Pedir aos participantes que fechem os olhos. Ler o texto a seguir, pausadamente, e orientar que apenas reflitam sobre sua realidade, sem discussões ou comentários.*

Olhe para dentro de você e reflita. Pense em você:

Você gosta de ser criticado?

Você gosta de receber elogios?

Você demonstra seu afeto?

Você se deixa ser tocado pelo afeto da outra pessoa?

Você gostaria de ter recebido mais orientações dos seus pais?

Gostaria que eles tivessem conversado mais com você?

Você alguma vez sentiu falta do carinho deles? Eles eram muito austeros? Fechados? Autoritários? Displicentes com você? Ou ouviam tudo o que você dizia?

Você tinha liberdade para expressar-se?

Sentia-se ameaçado ou temeroso e retraia-se? Ou rebelava-se e era agressivo com eles?

Pense como era sua infância e procure lembrar e aprender com todas as suas experiências. As más: que não se repitam entre vocês. Que a sua atitude seja de amorosidade construtiva. As boas: que você as reviva; imitando sabiamente aos seus pais.

Pedir que comentem as seguintes questões e concluir o diálogo conforme as orientações.

- Como falar de modo a construir a autoestima infantil?

Promover uma crítica saudável aos filhos, salientando suas atitudes positivas. Observar se esperam de nós uma orientação, um elogio, uma bronca, um alerta ou simplesmente um beijo e um abraço...

Estar atento às necessidades da criança é o que importa. Se conseguirmos esta percepção, o relacionamento se dará de modo espontâneo, natural onde não existem fórmulas ou receitas mágicas que resolvam as questões "pais e filhos". Promover a autoestima e a confiança de todos os familiares, em especial dos menores e mais jovens.

▪ Como encontrar este tempero se, normalmente, no momento da interpelação, podemos nos encontrar nervosos, irritados com a atitude infantil?

Antes de tudo, os adultos têm de estar em equilíbrio. Deverão estar atentos, ouvindo realmente o que a criança está querendo dizer. Pode-se pedir a orientação da espiritualidade para que as palavras ou atitudes sejam sempre no sentido de promover a harmonia familiar.

▪ Qual o momento certo para o elogio?

Salientar que o momento certo para o elogio é aquele que vai consolidar e reforçar um bom comportamento, ou seja, quando a criança fizer algo considerado positivo.

Proposta 2 Data: ____/____/______

Comentário do texto *– Ler o texto seguinte, trecho a trecho. Pedir para comentá-lo, dizendo o seu ponto de vista.*

Elogio, crítica e afeto são três armas de dois gumes que podem ser muito perigosas.

O elogio em demasia pode cultivar na criança o orgulho ostentativo, a vaidade extremada, crescendo com a falsa ilusão de poder pessoal. Ela jamais vai aceitar uma crítica ou sugestão de outra pessoa.

Já a falta dele, do elogio, pode deixar a criança insegura, fria, sem discernimento do que é bom ou mau, com baixa estima.

A crítica em demasia produz os mesmos efeitos da falta de elogio: deixa a criança com baixa estima, insegura, incapaz de realizar coisas, pois ela sempre achará que não é boa o bastante. A falta da crítica também pode ter o mesmo efeito do excesso de elogio, pois quem só coleciona elogio jamais admite uma crítica.

O afeto em demasia pode deixar a criança dependente, insegura, incapaz de caminhar com as próprias pernas. E a falta de afeto pode ter efeitos desastrosos: a criança pode se tornar um adulto frio, revoltado e cheio de mágoas, isso quando não desvia a rota, perdendo-se nos caminhos dos vícios.

É preciso elogiar o que os filhos fazem de bom, mas apontar também os erros que cometem. Porém fazer com amor, com bondade e carinho e não de maneira agressiva ou irritada.

Educar os filhos é a grande missão que Deus confiou aos pais, por isso devem educá-los dentro da ética e da disciplina para que aprendam a lição do respeito à família e ao próximo.

O afeto é de fundamental importância no desenvolvimento infantil como um todo, deve estar presente em todos os momentos, assim como o que é certo e errado.

É preciso mostrar que limites e afeto podem conviver em harmonia. Dar limites é dizer "sim" sempre que possível e "não" sempre que necessário.

Se começar na infância a dar ao filho tudo o que ele quiser, quando crescer, ele acreditará que o mundo tem obrigação de lhe dar tudo o que deseja.

Psicografado por Nivaldo em 11.10. 2007

Proposta 3 **Data: ____/____/_____**

Instruções importantes *– Fazer marcadores de livros, um para cada frase das "instruções importantes". Distribuir entre os participantes. Pedir para a pessoa que segura a frase nº 1 que* *a leia. Discutir com o grupo e concluir com a leitura do parágrafo correspondente no texto, quando houver. Fazer o mesmo com os marcadores seguintes.* ***Observação:*** *O texto pode ser reproduzido e distribuído entre os pais. O marcador de livro pode ser levado como "lembrancinha" da aula.*

Instruções importantes

1. Conheçam os vossos filhos pelo olhar.

2. Dialoguem pelo olhar, no silêncio.

3. Toquem-se quando acharem necessário.

4. Explorem o mundo com elogios e afetos.

5. Ensinem sobre a evolução da vida.

6. Respeitem-se e admirem-se com simplicidade.

7. Não criem falsos elogios.

8. Exterminem as críticas mutuamente entre pais e irmãos.

9. Participem de tudo e dividam tarefas.

10. Beijem-se e abracem-se muito, pois esta vida vos foi dada sem críticas e somente com elogios e amor do Pai que vos ama.

11. Caminhem de mãos dadas em todas as situações de dificuldade.

12. Amparem sempre nos momentos de angústia e sofrimento.

13. Aqueçam os corações dos vossos filhos com palavras de amor.

14. Elogiem a vida e o Criador para que eles não percam a esperança

15. Sejam sinceros e não prometam o que não se pode cumprir.

16. Olhem sempre para o alto e agradeçam ao Pai por todos os desafios.

Texto para leitura

4 Meus queridos amigos de jornada e estudo, hoje falaremos sobre a construção das palavras que alicerçam a vida das crianças nas diversas etapas da vida. Estes pequenos seres são as matrizes do seu aprendizado e correção de erros do passado. Os filhos sanguíneos ou adotivos recebem dos pais, muitas vezes, mais críticas do que elogios ou afetos.

8 Na verdade, o afeto e o elogio corrigem qualquer crítica descontrolada. Os filhos esperam dos pais exemplos de segurança no afeto e nos elogios, pois palavras que são mal ditas podem muitas vezes desencadear angústias, experiências negativas do passado.

6 Ao nos dirigirmos aos nossos filhos, devemos respeitar as suas limitações em cada etapa de crescimento.

A crítica que destrói qualquer diálogo é aquela que deprecia o caráter moral da criança (ou adulto de outras vidas); é registro que pode desencadear reações de agressividade, na qual se perde o controle.

13 A palavra iluminada que constrói e modela o caráter dos filhos é aquela em que se transmite segurança no amor, sem cobranças exageradas. Cria vínculos afetivos com toda a família, onde todos devem participar de cada problema com união e esforços, principalmente dos pais, para corrigir, fortalecer com amor cada etapa do desenvolvimento do novo ser.

15 As responsabilidades devem ser dadas com amor e prazer em tudo que se faça na luz do Mestre. Pode-se dar todos os exemplos, mas, a cada etapa, com diálogo de esclarecimento e fortalecimento.

7 Quando parecer que não há diálogo espontâneo, os pais devem se unir e dialogar para auxiliar, com amor. Elogios gratuitos não devem fortalecer outras dificuldades adormecidas, deve-se sim extrair os sentimentos inferiores de egoísmo, orgulho, maledicência, pois quando forem muito evidentes, os filhos devem tomar consciência e os pais estão lapidando a pedra bruta que deve se transformar em diamante de luz.

14 É preciso muita paciência, diálogo para não se perder e distanciar-se dos filhos. Eles devem ser preparados para o mundo com a luz do Pai e se tornarem também grandes pais, que poderão mudar o mundo e criar condições de fraternidade, equilíbrio e justiça.

5 A tarefa de todos os pais deve ser a de evangelizar, não só na escola, mas principalmente pelo exemplo a cada dia.

11 Na família está a esperança do Pai, que nos fortalece a cada trabalho e estudo.

2 Reflitam quando houver o silêncio em como estão tratando os seus filhos e que exemplos estão ensinando. O que podem melhorar e aperfeiçoar, pois com a persistência do seu amor, poderão lançar muitas sementes e possibilidades para o futuro.

3 Os defeitos devem ser corrigidos com muito amor. Não julguem precipitadamente nem critiquem ao perceber um erro. Peguem-nos pela mão ou no colo e acolham-no, como nunca talvez tenham expressado, pois as dificuldades dos pais podem influenciar muito a vida dos filhos.

9 Prestem atenção e dediquem-se mais nas fases em que eles mais solicitam. Acompanhem e não sejam ausentes; criem-nos com a luz do Pai pelo exemplo.

10 Respeitem-se mutuamente. A agressão física deve ser abolida, pois não tem eficácia, só serve para salvar de algum perigo iminente. Não se agride os filhos com violência, as correções são pelo diálogo e pelo amor.

16 Fiquem na paz do Mestre e que o Pai os abençoe.
Amém.

Irmão André

Psicografado por Leonel em 11.10.2007

Proposta 4 Data: ____/____/_____

Casos *– Ler a mensagem a seguir e estimular o diálogo sobre a relação pais e filhos, através das perguntas ao final.*

É minha história que vou contar, com mil faces, mil palavras, mil traquejos, mas ela é só minha.

Muito sofri quando aí estive junto a vocês, pois infelizmente não tive pais que souberam me elogiar quando necessitei de um apoio e me criticar quando precisava de uma sacudida para voltar ao prumo da vida segundo as leis do Cristo, de respeito, compreensão e também muito amor.

Cresci e me tornei um ser humano que não me orgulho nada em falar sobre ele, quer dizer, eu era mesquinho, sempre olhando só para os meus interesses. Achava que sempre o que me satisfizesse era o melhor, mesmo que isso prejudicasse a outra pessoa. Tolerância era uma palavra riscada do meu dicionário. Mas o tempo passou e o dia de colher o meu plantio de atitudes chegou. Com muito sofrimento e dor, descobri na pele a dor de cada atitude que um dia tive com as outras pessoas.

Como foi difícil me enxergar e ver quem eu era e no que tinha me tornado. Mas o amor do Cristo invadiu minha alma através do meu desejo em querer o amor de uma pessoa. Ela me ensinou a ser alguém melhor, ensinou-me que para termos coisas na vida temos que lutar por elas. Não no sentido de armas, mas sim de atitudes que consequentemente trarão o que se quer. Sei hoje que, se quero um jardim de flores, que eu o plante e molhe todos os dias, pois um dia eu o terei. Ela me elogiou, criticou-me, incentivou-me a ser uma pessoa melhor. Hoje não estou mais aí, continuo a buscar o que quero através da atitude. Ensinem aos filhos a verdadeira lição da vida: é dando que se recebe e isso começa em casa por vocês.

Psicografado por Marissol em 11.10.2007

- Como você se sentiria, colocando-se no lugar dos pais desse Espírito comunicante?
- Pensa no que está plantando para o futuro?
- Você sabe o momento certo para elogiar ou criticar?

Finalização da aula

Escolher uma das mensagens para ler e/ou distribuir como uma reflexão sobre o assunto discutido em sala.

Às vezes as dificuldades assolam a nossa vida e nos trazem muitas lições e ensinamentos através das nossas próprias atitudes tornando-nos seres humanos mais fortes e muito melhor preparados para o mundo que iremos enfrentar, quando chegamos à fase adulta de nossa vida. E vocês, pais, também colaboram, e muito, para isso, pois as críticas e os elogios ditos aos seus filhos ao longo de sua infância e mesmo em sua fase adulta, os tornarão seres humanos mais ou menos problemáticos, diante das dificuldades que enfrentarão lá fora.

Pois eles encararão os mesmos elogios e críticas dos outros, de acordo com os recebidos em seus lares porque eles sempre terão referência. Vocês são, para eles, o exemplo de seres humanos. Em alguns casos, após algum tempo de vida adulta, conseguem se livrar dessas censuras ou excesso de elogios. Refazem as suas referências e conseguem caminhar nessa evolução. Mas outros se estagnam como uma criança mimada e ficam à espera de que Deus um dia resolva a sua vida.

Por isso, pais, tenham a consciência de quão importante são as suas atitudes diante de seus filhos, mas também não se cobrem excessivamente. Sejam ponderados e usem sempre o Evangelho do Cristo como base da educação de seus filhos.

Que a paz de Deus os acompanhe.

Psicografado por Marissol em 11.10.2007

Se eu fosse criança hoje gostaria que meus pais me orientassem, me repreendessem se necessário, me amparassem e me elogiassem nas minhas vitórias e conquistas. Que me ensinassem a ser mais humano, fraterno, querido e aceito. Mais amoroso e mais amado por todos.

Será que tudo o que eu (adulto) peço a Deus se parece com aquilo que meu filho espera de mim?

Lembrando: eu nunca ouvi alguém reclamando que foi amado demais!

Psicografado por Beth em 11.10.2007

Complementos

▪ Bibliografia

AUTORES DIVERSOS – *Evangelização Infanto-juvenil*: Intermediário A, aula 33 (Riquezas); Intermediário B, aula 33 (A parábola dos talentos). São Paulo: Editora Aliança.

▪ Dicas

Pesquisar sobre a vida de Helen Keller e sua professora Anne Sullivan como exemplos de estímulo a superações de dificuldades.

11 Disciplina e limites

"Qual é, para o Espírito, a utilidade de passar pela infância?

– O Espírito, encarnando para se aperfeiçoar, é mais acessível, durante esse tempo, às impressões que recebe e que podem ajudar o seu adiantamento, para o qual devem contribuir aqueles que estão encarregados de sua educação."

Allan Kardec

O Livro dos Espíritos, questão 383.

Tema / Conteúdo

Disciplina e limites – conceituar disciplina e refletir sobre sua importância.

Motivação Inicial

Questionamento – *Fazer a pergunta e ouvir atentamente as respostas.*

Você está educando seu filho para ser o quê?

Desenvolvimento da aula

Proposta I Data: ____/____/______

Questionamento – *Propor as seguintes perguntas, uma por vez, aos participantes. Ouvir as respostas e conduzir o diálogo de acordo com as orientações.*

▪ Como você se sente quando está em uma fila e observa alguém, na maior falta de cerimônia, passar à frente de todos fingindo não perceber que muitas outras pessoas esperam por sua vez?

É pertinente perceber que essas atitudes envolvem adultos, isto é, aqueles que estão incumbidos de educar as crianças (futuros adultos) no mundo em que vivemos. Saber esperar, conter uma vontade, arcar com uma frustração de não ter algum pedido atendido, apesar de custar algum sofrimento momentâneo, tem um objetivo claro.

▪ E quando vê alguém sujar o espaço público com lixo individual (papel de bala, latinha de refrigerante...)?

Permitir que o filho consiga ver além de si mesmo, de suas vontades imperiosas, que aprenda a cada dia a se comportar como um ser que vive com outros é oferecer-lhe educação.

▪ Já se perguntou como está educando seu filho? Para ser esperto, saber competir e ganhar? Ou para ser uma pessoa solidária, cooperativa, que sabe respeitar os outros e as regras de convivência coletiva?

Se pretendemos preparar um filho para ser educado, não simplesmente polido, com bons modos, precisamos ser coerentes e firmes em nossas concepções morais. Para tanto a disciplina e a delimitação clara de seu campo de ação (limites) são fatores importantes para a formação de um ser solidário e cooperativo.

Proposta 2 **Data: ____/____/______**

Casos *– Ler os casos e pedir que os participantes comentem como agiriam numa situação semelhante, se já presenciaram*

alguma cena parecida ou que deem um depoimento de alguma vivência. Conduzir o diálogo, baseando-se nas sugestões.

Caso 1

Uma criança de 5 anos vai a uma festa de aniversário acompanhada pela mãe. Lá, além das guloseimas servidas à criançada, há uma mesa com o bolo, enfeitada com docinhos, entre eles o brigadeiro. O usual é que, somente depois de cantado o "Parabéns", a mesa seja devidamente atacada. Pois bem, nessa festa as crianças se serviram do brigadeiro antes da hora. Somente aquela mãe não permitiu que seu filho fizesse o mesmo.

Refletir se a mãe deveria ter permitido que o filho seguisse os demais. Claro que não, se o que ela pretende é preparar o filho para que seja um adulto educado (não apenas com bons modos). Saber esperar, conter uma vontade e, no caso dessa criança, arcar com a frustração de não saborear o brigadeiro é um alto custo que tem um objetivo claro: permitir que o filho consiga ver além de si mesmo, de suas vontades imperiosas, de suas atitudes individuais e aprenda, cada dia um pouco, a se comportar como um ser que vive com outros. Ensinar o filho a ser esperto, a tirar vantagem individual da vida, pode ter um custo muito mais alto do que, no presente, isso pode parecer.

Caso 2

Diante de uma prateleira cheia de chocolates no supermercado um menino de aproximadamente 2 anos se mostra birrento, teimoso, bate os pés, rola no chão, ameaça derrubar a prateleira toda! A jovem mãe, cerca de 27 anos, mostra-se forte, serena e irredutível. O menino quer, porque quer cinco. E ela, uma domadora sem chicote, diz que ele pode levar apenas um. Em volta, uns 15 espectadores observam o acontecimento. Sem usar de violência física ou erguer a voz, a mãe o obriga a escolher: Ou leva só um ou não leva nenhum.

A voz não é de quem tem raiva. São uns dez minutos dolorosos, no final dos quais o pequeno aceita sua derrota. Os gritos, os urros e os pontapés vão diminuindo. Por fim o garoto enxuga a manha, aceita a mão da mãe e sai do supermercado com sua única barra de chocolate. O resto ficou lá na prateleira.

Refletir que muitos pais cedem para não ter que enfrentar o incômodo da birra ou se descontrolam e batem no filho birrento. Poucos educam, impõem limites aos filhos para a questão do ter. Crianças não gostam de renunciar ou perder; se os pais não lhes ensinam a aceitar sua escolha, elas sofrerão na vida e farão outros sofrer. São fabulosos os pais que proíbem sem raiva e dão o necessário, sem dar demais. A criança precisa de limites desde pequena para não se tornar um "reizinho mandão".

Proposta 3 Data: ____/____/______

No Evangelho *– Apresentar o seguinte texto do Novo Testamento:*

"Entrai pela porta estreita, pois larga é a porta e espaçoso o caminho que conduz à perdição e muitos são os que entram por ela. Porque estreita é a porta e apertado o caminho que conduz para a Vida e são poucos os que acertam com ela." (Mateus, 7:13-14)

Conduzir o diálogo, a partir das perguntas, baseando-se nas sugestões apresentadas.

- O que entendemos desse texto? O que seria, para nós, a porta larga? E a porta estreita?

Perceber que é necessário ter disciplina para alcançar vitórias morais. Afinal, é bem mais fácil (porta larga) viver tirando proveito das situações, sem nenhum constrangimento, tomar uma fruta a mais na compra efetuada na feira, furar a fila onde há muita gente, subornar o funcionário para nos garantir uma decisão favorável, desrespeitar o espaço público...

- O que é preciso fazer no nosso dia a dia para passarmos pela porta estreita?

Observar que, para o verdadeiro cristão passar pela porta estreita, terá de lutar contra si mesmo, assumir responsabilidades policiadas somente pela própria consciência, agir com honestidade absoluta, respeitar os patrimônios alheios, cumprir as obrigações pela simples satisfação de ter realizado uma boa tarefa, ver no semelhante um irmão a quem deve o melhor de si, ou seja, preservará a ordem e a disciplina onde estiver, cumprindo os regulamentos estabelecidos em qualquer setor de atividade social. Esse exemplo cabe a cada um de nós, pais e responsáveis pelos pequeninos, demonstrá-lo em nossas atividades diárias.

Proposta 4 Data: ____/____/______

Texto *– Distribuir cada parte do texto a um grupo de pais para que leiam e reflitam sobre o assunto, expressando, a seguir, sua opinião.*

A maior dificuldade de todos os pais é saber até onde devem ir. Sempre se perguntam: Quando parar? Será que é desta forma?

No dia a dia os pais trabalham, ganhando o sustento do lar. Pais e mães deixam seus pequenos por conta da escola, avós, empregadas e outros. Ao retornarem ao lar, querem estar próximos, estão cansados e questionando: Como dar bronca naquela criança que ficou sem os pais durante todo o dia?

Sabe-se das dificuldades enfrentadas por todos os pais.

As crianças atualmente estão mais ágeis, espertas. Há muitos estímulos: televisão, brinquedos, computadores e escola. Como educá-las?

Queridos pais, seus filhos estão cobertos pelo véu do esquecimento, são Espíritos que de algum modo estão ligados a vocês. Eles precisam do seu apoio, do seu amor e precisam ser educados.

Muitos pais colocam-se como amigos dos filhos. As crianças precisam saber quem são os pais, quem detém o comando. Colocar limites e disciplinar os filhos é um ato de amor, talvez um dos maiores e mais difíceis.

Entrar em discussão com crianças pequenas não leva a nada, elas são movidas pelo instinto do prazer, só querem aquilo de que gostam, cabe aos pais direcioná-las.

Algumas vezes a criança não entende a necessidade de seguir tal regra ou norma, não adianta tentar convencê-la de que você está correto. Imponha-se, a criança deve fazer aquilo porque você acredita ser o correto, mesmo que ela não goste.

Você deixaria seu filho dormir na rua porque ele quer? Deixaria uma criança pequena andar sozinha na rua? Ela poderia colocar grampos na tomada ou brincar com uma faca pontiaguda e afiada?

— Claro que não! – dirão vocês, pais. – Não somos loucos!

Mesmo que a criança queira, vocês irão impor sua vontade e dizer "não". Certo?

Então, cumpram com o papel a vocês destinado, iluminem o caminho para seu filho. Deem a ele os limites necessários para viver em sociedade. Saber respeitar o próximo, cumprimentar as pessoas, saber portar-se em determinados locais, aprender a relacionar-se com todos, conseguir expor suas ideias e respeitar a dos outros, e tantas outras coisas relacionadas ao dia a dia, como: esperar sua vez para falar ou ser atendida em algum local, sentar-se à mesa, atender ao telefone, falar baixo, ouvir o que os outros têm a lhe dizer.

Os filhos não sabem todas essas regras e muitas vezes vão rebelar-se contra elas, mas cabe ao pai e à mãe mostrarem a importância das mesmas e fazê-los seguir estas condutas.

Educá-los para serem responsáveis por seus atos desde a mais tenra idade, sem justificar seus erros. Acolhê-los com amor, mas que eles arquem com as consequências do que fizerem.

Educar dá muito trabalho. Ser pai ou mãe é a profissão mais difícil porque o caminho é árduo, conflitante, mas necessário.

Quando estavam no plano espiritual, vocês assumiram a responsabilidade de educar e amar esses Espíritos, e é isso que o Pai Maior espera de vocês.

Não se julguem abandonados e não deixem que seus filhos assumam o controle de suas vidas; quem deve dirigir esse carro são vocês; quem irá construir essa estrada são vocês, pais.

Muitas vezes as lágrimas dos filhos os comovem e fazem-nos sentirem-se culpados. Por quê? Porque não querem ver o filho sofrendo! Mas como será sua vida quando ele for maior e não souber respeitar regras nem ter limites?

Lembrem-se, irmãos, que educar é o maior ato de amor que se pode demonstrar ao filho.

Meditem sobre suas condutas e trilhem seu caminho. Na dúvida, recolham-se ao interior de si mesmos e busquem na oração o equilíbrio que está lhes faltando.

Discutam no grupo de pais as condutas que trazem dúvidas. Nesses momentos a troca auxilia a jornada. Vocês irão perceber que muitos têm as mesmas dúvidas e dificuldades que vocês.

Psicografado por Renata em 22.11.2007

Proposta 5 **Data: ___/___/_____**

Texto *– Reproduzir o texto para distribuição aos pais, ressaltando os três pontos assinalados. Comentar as partes que despertam maior atenção dos participantes.*

Há divergência do que seja o limite ideal a ser imposto a uma criança.

Profissionais divergem em métodos de abordagem.

Os pais acabam também divididos, pois temem em simplesmente seguir seus instintos paternais / maternais. Temem que alguma ação sua, por melhor intencionada que seja, possa vir a trazer sequelas futuras na personalidade do filho. Mas a fórmula para dizimar essas dúvidas é sempre fácil:

- "Conhece-te a ti mesmo".
- Lembre-se de como era seu comportamento na mesma idade.
- Coloque-se no lugar da criança e procure decidir o que é mais importante para ela.

Se a disciplina for aplicada com amor e verdade, a criança vai carregá-la para a eternidade. E vai agradecer a você por ter sido firme e capaz de discipliná-la adequadamente.

Existe uma tendência no ser humano, e na criança mais intensamente, em transpor limites. Superar-se sempre.

Na relação pais e filhos essa tentativa de ultrapassar os limites estabelecidos pela família é sempre motivo de preocupação, mas faz parte da personalidade infantil saber até onde ela consegue chegar.

Os pais, por sua vez, precisam estar em concordância quanto à condução da educação das crianças, mostrando coerência nas exigências, nas concessões, nas proibições e nas autorizações.

Tudo no universo é regido por uma disciplina. Ordem é a lógica dessa disciplina divina que deve nos orientar. Não que devamos ser peças inconscientes de uma engrenagem maior. Como robozinhos autômatos, sem termos consciência que a atitude equilibrada de cada elemento familiar é que irá contribuir para a paz dentro de todos os lares cristãos.

Amar é ramo que cresce
Educar nunca se esquece
Doar é amor e dar
Beijar é carinho na boca
Abraçar é amor no tocar
Viver é abrir-se louca
Vibrar é abraçar no ar.

Psicografado por Beth em 22.11.2007

Finalização da aula

Reproduzir e distribuir aos participantes a seguinte passagem:

"Disciplina é termo derivado de discípulo: o que segue, o que imita, o que aprende e se identifica com outro(s). No caso, o pai e/ou a mãe.

Disciplinar os filhos, portanto, no bom sentido, é agir com firmeza, sim, mas sem excluir o amor e a justiça, de modo a granjear-lhes a admiração e, com isso, mobilizar-lhes a vontade para a imitação dos padrões aceitos."

Rodolfo Calligaris
A Vida em Família

Complementos

▪ Bibliografia

CALLIGARIS, Rodolfo – *A Vida em Família*, cap. "Disciplina e liberdade". Araras: IDE, 1991.

KARDEC, Allan – *O Evangelho segundo o Espiritismo*, cap. XIV, item 9. São Paulo: LAKE, 2002.

Revista Veja – "Dez regras fáceis para educar seus anjinhos", Editora Abril, edição nº 1863.

SAYÃO, Rosely – Jornal *Folha de S. Paulo*, Equilíbrio, artigo "Ficou sem brigadeiro, mas ganhou educação", 12/10/2000.

SIMONETTI, Richard – *A Voz do Monte*, cap. "Atletismo espiritual". Rio de Janeiro: FEB, 2003.

ZAGURY, Tânia – *Limites sem Trauma*. Rio de Janeiro: Editora Record.

▪ Dicas

1. Sugestões de atitudes aos pais:

- Exemplificar no dia a dia dá mais resultado do que os conselhos.
- Demonstrar carinho pelos filhos através do beijo, do abraço, do afago não os fará uma criança mimada.
- Acompanhar as atividades do filho trará segurança na avaliação dos limites propostos.
- Respeitar a faixa etária da criança na hora de impor regras e limites.
- Estimular a independência dos filhos não os tornará desobedientes ou rebeldes.
- Ter uma conduta firme, coerente, porém flexível perante cada situação.
- Impor limites não significa aplicar castigos físicos ou agressões verbais.
- Tratar os filhos com respeito, ouvindo também seus pontos de vista.

2. Ouvir a música *Há tempos*, da banda Legião Urbana, composição de Renato Russo, Dado Villa-Lobos e Marcelo Bonfá, no CD *As quatro estações*, EMI Music Brasil.

12 Comportamentos negativos Comportamentos não esperados

"Se uma criança se torna má, apesar dos cuidados de seus pais, eles são responsáveis?

– Não; porém quanto mais as disposições da criança são más, mais a tarefa é difícil e maior será o mérito se conseguirem desviá-la do caminho do mal."

Allan Kardec

O Livro dos Espíritos, questão 583.

Tema / Conteúdo

Comportamentos negativos / comportamentos não esperados – abordar a expectativa dos pais em relação à desobediência dos filhos e os motivos de tal comportamento, discutindo formas de intervenção.

Motivação Inicial

Charada – *Mostrar a charada conforme apresentação a seguir. Perguntar o que significa e, em seguida, se concordam com isso.*

oooooooooo

b

b

b

OOOOOOOOO

Resposta:
"Os" pequenos "bês" descem (obedecem) "os" grandes.

Desenvolvimento da aula

Proposta I Data: ___/___/_____

Questionamento – *Fazer as perguntas a seguir, ouvindo atentamente as respostas. Conduzir o diálogo baseando-se nas observações que seguem.*

▪ Por que os filhos desobedecem?

A indisciplina da criança não é de sua total responsabilidade. Ela não sabe como obedecer sem a orientação dos adultos. E não basta dizer, é preciso levá-la a fazer o correto ou impedir que faça algo indevido. Com 2 ou 3 anos, ela entende o que é certo ou errado para os pais, mas não entende as intenções ou consequências, por isso deve receber regras claras e coerentes. Às vezes os pais estão cansados e acham mais cômodo ignorar uma regra do que exigir que o filho a cumpra. Isso o deixará confuso quando amanhã quiserem que obedeça tal regra.

Da mesma forma, se pai e mãe não estão de acordo quanto ao que o filho pode ou não fazer, haverá confusão e grande chance da criança não respeitar aquele que nega.

É importante lembrar que a capacidade para obedecer varia conforme a idade. Colocar a criança em "situações-limite", além da sua capacidade, como levá-la para um jantar tarde da noite e querer que ela obedeça, é quase impossível.

É extremamente frágil a obediência que se consegue com recompensas, pois facilmente se transformará numa relação de suborno e chantagem.

▪ Como é uma criança obediente?

Nem sempre a criança passiva, quietinha, é obediente. O excesso de severidade dos pais pode gerar medo na criança, que "obedece" enquanto aqueles estão presentes. Sozinha, ou "desobedece", ou se sente perdida, pois não desenvolveu autonomia.

- Por que é importante que a criança obedeça?

A obediência é necessária para a própria segurança da criança, para o aprendizado da convivência social.

- Como conseguir que a criança obedeça?

Para fazer com que o filho obedeça é necessário "ter trabalho": falar a mesma coisa diversas vezes; conter fisicamente; forçá-lo a fazer o que os pais acham que seja importante; distraí-lo das coisas que não deve fazer; perder horas de sono; causar frustração. Deve-se lançar mão de estratégias lúdicas, ter firmeza e muita paciência.

É mais produtivo ditar as regras no positivo, demonstrando a crença no fato de que a criança procura acertar e é capaz de descobrir até onde pode ir para encontrar soluções. Por exemplo, dizer: "atravesse a rua na faixa de pedestres", em vez de "não atravesse a rua fora da faixa". Quando se dita regras no negativo, significa que se espera que a criança seja capaz ou tenha vontade de fazer o errado. Ela poderia nem estar pensando nisso, mas a orientação dada lhe fornece a ideia.

É imprescindível ter fé nas atitudes que se quer que os filhos tenham, é assim que eles acatarão a autoridade dos pais.

Proposta 2 **Data: ____/____/______**

Casos *– Selecionar alguns casos que mais correspondam ao perfil do grupo de participantes, ler e conduzir o diálogo de acordo com as observações.*

Caso 1

Uma criança de 2 anos quer porque quer cortar o pão com uma faca afiada. Ou então, quer atravessar a rua sem segurar a mão de um adulto. E começa a ter acessos de fúria. O que fazer?

Aos 2 anos ocorre um período de afirmação da independência recém-descoberta. A criança que aprendeu a andar e falar, agora insiste em fazer tudo por si mesma.

Deve ser contida nas situações que representam perigo. Deve ter um espaço na casa onde possa agir com liberdade, sem a necessidade de se dizer "não" a ela a todo instante, o que é frustrante para a criança e cansativo para os pais.

Caso 2

Uma criança de 2 anos não quer comer.

Nessa idade, o alimento está intimamente ligado ao relacionamento com a mãe. Verificar se algo perturbou os sentimentos de segurança da criança e, consequentemente, o relacionamento com a mãe.

É recomendável ser mais flexível em relação ao ritual da refeição, permitindo, por exemplo, que a criança leve brinquedo para a mesa, ou saia e volte à vontade.

Caso 3

Que fazer quando uma criança de 4 anos brinca fazendo barulho, não consegue ficar quieta nem limpa por muito tempo?

É preciso observar que às vezes tentamos coibir o comportamento de nossos filhos, não porque seja desobediente, mas para proteger nosso próprio conforto.

Brincar fazendo barulho não é pernicioso em si mesmo, embora possa ser desagradável para nós, adultos.

Manter-se limpa e quieta por muito tempo é impossível para uma criança de 4 anos, assim como ter o que a maioria das pessoas considera "boas maneiras" ou fazer amizades, quando nessa idade ainda está em um período bastante egocêntrico.

Caso 4

Que pensar sobre dizer à criança de 4 anos que, se ela não obedecer, será abandonada pelos pais?

É a mais cruel das punições, numa idade em que a criança é totalmente dependente. Essa ameaça é mais traumática ainda do que seria uma surra.

Caso 5

Uma criança de 4 anos tem um acesso de raiva e o pai se zanga e berra com ela.

O pai que acha difícil tolerar os acessos de raiva do filho é, em geral, aquele que não confia em seu autocontrole. A criança de 4 anos, quando num acesso de raiva, sente-se perdida e desamparada e, se o adulto perde as estribeiras, é como se o mundo desabasse.

É difícil se manter calmo, especialmente se o acesso é em público, mas lembre-se: a maioria das pessoas aguenta mais facilmente uma criança zangada berrando do que um adulto.

Aos 4 anos, passada a crise, é possível conversar, traduzir a raiva em palavras.

Caso 6

Devemos impedir uma criança de 5 anos de fazer aquilo que ela sabe que é errado?

Sim. Os pais devem conter atitudes extremas do filho, como maltratar animais, bater em outras crianças ou jogar areia para cima.

É importante compreender o que está por trás da explosão. Pode ser que tudo o que a criança precisa seja uma conversa que mostre interesse, estímulo ou afeição.

Sobretudo nas transgressões mais graves, o castigo representa um alívio para uma grande carga de culpa. Representa também que os pais se preocupam com o filho e com o que ele faz. Porém, se os castigos forem frequentes, para cada falta cometida, a criança não saberá discriminar adequadamente. Ficará menos tolerante com outras crianças, terá mais dificuldade em fazer amigos. Não será capaz de desenvolver a autodisciplina, sempre dependerá da disciplina imposta pelos outros.

Caso 7

A mãe de um menino de 6 anos é incapaz de dizer não ao filho. Ela consegue que ele faça as coisas através de bajulação e suborno. Quando o menino desobedece, a mãe o ameaça com a disciplina do pai, de quem ele tem medo. Sem nunca ter levantado a voz, o pai o controla com um simples olhar. O menino está na escola, onde a professora tem achado difícil lidar com ele. É agressivo com todos, não tem amigos e não consegue se concentrar. O que podemos pensar sobre este caso?

Aos 6 anos, se a criança tem dificuldades com os pais, a adaptação na escola será mais difícil.

Fazer todas as vontades do filho, subornando-o para que faça o que deve ser feito, não contribui para que ele seja capaz de lidar com regras em outros ambientes. Além disso, como é a mãe quem o educa assim, ele tem dificuldades em aceitar regras da professora, que também é uma mulher.

Caso 8

Como fazer com que uma criança de 7 anos obedeça?

Com o aumento da capacidade das crianças de entender a linguagem é mais fácil para elas aceitar a disciplina por meio da argumentação. Explicações, conselhos e justificativas já são eficazes nesta idade. A capacidade de prever as consequências de uma ação torna eficazes os alertas sobre o que pode acontecer de bom ou de ruim.

Caso 9

Que pensar de um pai que, para explicar ao seu filho de 7 anos que não deve falar com estranhos ou aceitar deles coisas como balas, por exemplo, é extremamente enfático, detalhando casos terríveis que já ocorreram nesse campo?

Cuidado ao transferir seus piores temores para a criança. O modo como você alerta está relacionado com o julgamento que você faz de seu filho. Se, por exemplo, falar com muita ênfase, poderá sugerir que seu filho é incapaz de resolver o problema sozinho e esse sentimento poderá paralisá-lo quando necessitar tomar alguma atitude.

Caso 10

O que fazer quando, apesar de já ter ensinado as regras à criança de 8 anos, ela ainda desobedece?

Crianças de 8 anos têm certo grau de independência, mas precisam ainda de apoio firme. Gostam da rotina, de regularidade e de pequenos rituais.

Os limites devem ser claros e previsíveis. As crianças de 8 anos são bastante dependentes em relação às regras.

Acham que os adultos são pessoas que estão de pleno acordo sobre o que é certo e o que é errado. É importante observar se as regras "ensinadas" são claras e facilmente aplicáveis às situações rotineiras.

Caso 11

Que fazer quando filhos de 9 anos insistem em ter/fazer coisas baseados no argumento de que toda a turma pode?

Os pais devem ser firmes e colocarem limites. Esses limites podem ser um alívio para a criança, que se sente amparada e que seus pais estão aptos a serem adultos.

Caso 12

É adequado bater no filho de 9 anos para impedir uma atividade perigosa?

Bater nunca é a melhor solução e pode ensinar que é aceitável alguém mais forte bater e infligir dor em alguém mais fraco.

Caso 13

Uma criança de 9 anos quer fazer uma atividade com seus amigos que é muito interessante para eles, mas também muito arriscada. Os pais proíbem terminantemente, mas a criança não quer obedecer. Como resolver?

As crianças de 9 anos vêm desenvolvendo certa autonomia, mas precisam ainda de tutela, sobretudo em atividades arriscadas. Porém é importante que os pais estejam atentos ao fato de que, quando a atividade é de grande relevância para a criança, surte mais efeito oferecer-lhe uma alternativa que atenda às expectativas do que simplesmente proibir.

Caso 14

Uma mãe foi chamada na escola porque seu filho de 10 anos vem desobedecendo com frequência às regras de convivência. Ele tem maltratado crianças menores na companhia de amigos. Porém em casa ele é um "anjo de candura". Como agir quando o filho passa a ter amizades negativas, que o apoiam e acobertam seus impulsos destrutivos?

É importante aceitar que isso possa acontecer, às vezes esquecemos de que já fomos crianças e criamos uma imagem de nós mesmos como modelos de bom comportamento.

A criança de 10 anos pode maltratar as menores por lhe trazerem lembranças indesejáveis ou amargas de sua própria infância. Ou pode se sentir rejeitada com o nascimento de irmãos. Às vezes isso não é demonstrado na relação com o irmão menor, mas com "vítimas" que a criança de 10 anos procura para se livrar do sentimento de rejeição. Surge então um conflito que pode perturbar mais ainda a criança, que é ser "bom" em casa e "ruim" em outro lugar.

A solução? Compreensão empática – colocar-se no lugar da criança, compreender que todas as experiências são positivas, levá-la, por meio da conversa, a reconhecer sua situação. Não fazer diferença entre os filhos, mostrar que ela é amada...

Caso 15

Que fazer quando o filho de 11 anos passa a ter ideias bem diferentes das de seus pais sobre o que é certo?

Isso pode ser inconveniente, mas é um meio importante da criança organizar as próprias concepções. Ter ideias não significa que a criança vai sair aplicando-as. Tudo é ainda um processo mental com o qual ela poderá desenvolver a capacidade de discutir, argumentar e reformular ideias. A criança de 11 anos deve ser capaz de conversar com os pais de modo racional e franco. Pais que se chocam com as ideias dos filhos ou que as desaprovam não ajudam a formar uma visão equilibrada das coisas.

Caso 16

A filha de 11 anos demonstra ter tanta independência que sua mãe passa a ter quase uma relação de irmã com ela. Porém, quando a filha necessita ser corrigida, ela se rebela. O que pensar desta situação?

Embora muitas meninas de 11 anos já sejam bastante independentes, ainda necessitam de disciplina e da ajuda dos pais para assumirem certas responsabilidades. Ao colocar-se na posição de irmã, a mãe perde autoridade, passando a ter dificuldades para que a filha obedeça. A mãe pode ser próxima da filha, mas deve continuar em seu papel de mãe.

Caso 17

Um jovem de 12 anos fumava, e seus pais foram bastante duros com ele, achando que havia parado. Aos 14, seu pai encontrou-o fumando maconha com amigos. A mãe o proibiu de usar maconha, mas não tinha certeza se ele estava obedecendo. Dois meses depois, os pais souberam que o filho estava fornecendo drogas para alunos da escola. Apesar de constatarem que o jovem usava drogas, os pais continuavam a lhe dar mesada, sem perceber que o dinheiro era tentação insuportável para o filho.

Há muitos motivos para um jovem de 12 a 14 anos consumir cigarro/álcool/ drogas. Pode estar "fugindo" das dificuldades da adolescência, procurando novas experiências, tentando ser igual ao grupo, buscando *status*.

É útil que os pais conheçam os perigos e efeitos das drogas e observem o significado de seu próprio comportamento em relação a elas.

Sobretudo, é muito importante que os pais consigam manter a comunicação com os filhos. Se conseguirem admitir, tolerar e reagir com simpatia aos problemas que o adolescente apresenta – como explosões de raiva e mau humor – ele sentirá a confiança dos pais e desenvolverá o autorrespeito. Essa postura dos pais não deve significar total permissividade (nem 8, nem 80).

Proposta 3 — Data: ____/____/______

No Evangelho *– Ler o trecho do Novo Testamento:*

"Se suportais a correção, Deus vos trata como a filhos; pois que filho há a quem o pai não corrija?" (Hebreus, 12:7)

Em seguida propor a questão:

- Queremos que nossos filhos nos obedeçam. E nós, somos capazes de obedecer a Deus?

Para maiores esclarecimentos, ver o texto "Correções", do livro Pão Nosso, *de Francisco Cândido Xavier, pelo Espírito Emmanuel, FEB.*

Proposta 4 **Data: ____/____/______**

No Evangelho *– Fazer a pergunta 892 de* O Livro dos Espíritos, *para que reflitam e deem sua opinião. Em seguida, ler a resposta correspondente.*

L.E. 892 Quando os filhos causam desgostos aos pais, não têm estes desculpa para o fato de lhes não dispensarem a ternura de que os fariam objeto, em caso contrário?

– Não, porque isso representa um encargo que lhes é confiado e a missão deles consiste em se esforçarem por encaminhar os filhos para o bem (582-583). Ademais, esses desgostos são, amiúde, a consequência do mau feitio que os pais deixaram que seus filhos tomassem desde o berço. Colhem o que semearam.

Finalização da aula

Ler o texto a seguir. Depois, propor que fechem os olhos e façam um exercício de respiração. Inspirar expandindo a barriga e expirar encolhendo-a, calma e profundamente. Sentir o equilíbrio do universo através da respiração. Em seguida, encerrar a aula com a prece.

Para parar uma bola de neve a descer a montanha, se uma parede, uma barreira bem forte não impedir esta descida, a bola só faz crescer, engordar e fica destruidora.

Assim são os comportamentos não esperados ou indesejados, que cabem aos pais barrarem assim que percebem a bola de neve a tomar forma.

Se barrarmos um pequeno comportamento negativo da criança, explicando o porquê daquela intervenção, estaremos impedindo que atos mais graves e prejudiciais possam atingir quem estiver pela frente.

Ao contrário, as boas atitudes dos filhos devem ser preservadas. E novamente: o gelo. Como impedir que um cubo de gelo se mantenha fora do congelador? Como aumentar, fazer render as boas posturas que parecem derreter diante da efervescência do mundo? Não somos perfeitos e longe estamos disto, mas se as crianças perceberem o nosso grande esforço em nos mantermos ligados ao bem, certamente seremos exemplos a serem seguidos por eles no dia a dia, no chão a chão.

E lembrando sempre a amar a Deus sobre todas as coisas e ao próximo como a si mesmo. Além de só fazer aos outros o que de fato gostaríamos que os outros nos fizessem.

O Evangelho traz resposta para tudo.

É difícil, mas devemos imitar ao mestre Jesus. E tudo mais nos será retribuído nas nossas necessidades.

Se houver dificuldades, respira, ora e espera. Tudo é válido na empreitada do bem.

Psicografado por Beth em 20.03.2008

Complementos

▪ Bibliografia

AUTORES DIVERSOS – *Coleção Compreendendo Seu Filho* (de 2, 4, 5, 6, 7, 8, 9, 10, 11 e 12 a 14 anos), Editora Imago.

AUTORES DIVERSOS – *Evangelização Infanto-juvenil*: Maternal, aula 22 (A desobediência do Sol); Jardim B, aula 31 (A primavera); Primário B, aula 36 (O pote de geléia). São Paulo: Editora Aliança.

AZEVEDO, Margarete – "Um 'não' como resposta", *Revista Kalunga nº 147*, abril de 2003.

KARDEC, Allan – *O Livro dos Espíritos*, questão 892. São Paulo: LAKE, 2001.

SAYÃO, Rosely – Jornal *Folha de S. Paulo*, Equilíbrio, artigos:
"Dúvidas e certezas" - 07/09/2006
"Pequenos imperadores" - 05/10/2006
"De geração em geração" - 21/06/2007
"Crianças pequenas e autoridade"

SILVEIRA, Juliane – Jornal *Folha de S. Paulo*, Equilíbrio, "Fora de controle" - 07/02/2008.

XAVIER, Francisco C. (Emmanuel - Espírito) – *Pão Nosso*. Rio de Janeiro: FEB, 1992.

Castigos e recompensas Violência familiar 13

"... O castigo é o aguilhão que excita a alma pela amargura a voltar-se sobre si mesma, a retornar ao caminho da salvação. O objetivo do castigo não é outro senão a reabilitação, a redenção. – Paulo, o apóstolo"

Allan Kardec

O Livro dos Espíritos, questão 1009.

Tema / Conteúdo

Castigos e recompensas / Violência familiar – discutir os limites entre o castigo e a violência. E entre a recompensa e a chantagem cedida.

Motivação Inicial

A – *Questionamento* – *Alguém se lembra de algum castigo recebido na infância? Como foi?*

B – *Simulação de castigo* – *Chamar dois participantes do grupo. Um será o pai ou mãe, o outro o filho ou filha. Dizer ao pai que simule (dramatize) a aplicação de um castigo para o filho que fez algo considerado errado.*

Dar uns instantes. O pai pode pedir sugestões ao grupo. O adulto diz o castigo, porém antes que comece a aplicá-lo, o dirigente diz: "o feitiço virou contra o feiticeiro". E o adulto é quem vai encenar o "castigado".

Perguntar como eles se sentiram nos papéis de adulto e de criança, quais foram as emoções.

Desenvolvimento da aula

Proposta I **Data: ___/___/_____**

Questionamento *– Fazer as perguntas e ouvir atentamente as respostas. Conduzir o diálogo, baseando-se nas orientações.*

- Como agir? Como educar nossos filhos atualmente? Como impor limites? Devemos castigar nossos filhos?

Perceber que, passados tempos de educação excessivamente rígida, seguiram-se aqueles de educação excessivamente livre, sem freios, sem limites. Os pais devem impor limites. Não nos referimos aqui ao castigo excessivo, que caracteriza violência, crueldade até, que se lê constantemente nos jornais (casos de espancamentos, privação de comida, humilhar publicamente em situações constrangedoras, provocar medo...).

- A palmada educa ou deseduca? Que tipo de castigos conhecemos que sejam admissíveis?

Lembrar que há linhas que discordam e outras que concordam com a utilização das palmadas. Com elas tem-se a falsa impressão de que os castigos corporais são eficazes porque produzem efeitos imediatos, ou seja, o filho para de fazer o que não deve. Acontece, porém, que o filho fica esperto para não ser pego em erro da outra vez. Proporciona-se a domesticação em vez da educação de comportamentos aceitáveis.

- Por que os pais batem nos filhos?

Salientar que esses fatos acontecem quando perdem o controle. Na hora da palmada os pais estão bravos, colocam-se no papel humilhante de serem desafiados por um ser tão pequeno e, naquela hora, na ausência da autoridade moral, usam a autoridade física. Muitos pais dizem que bateram nos filhos porque foram desafiados por eles. Para uma criança com menos de 6 anos não há desafio aos pais. Ela está querendo limite, ela espera que os pais não permitam que ela faça o que está prestes a fazer. Por exemplo: a criança mexe numa coisa que os pais já avisaram muitas vezes que não deve ser tocada. Os pais entendem que estão sendo desafiados, principalmente porque a criança avisa com o olhar o que ela vai fazer.

▪ O castigo deve ser usado na educação? Ele funciona?

Observar que sim, mas antes de aplicar uma punição os pais precisam ter uma atitude educadora firme e não exagerada, coerente com a falta cometida. Para uma criança pequena o castigo, o "pôr pra pensar" não adianta! Basta a contenção e a tutela constante. Isso é o suficiente para que ela faça o que deve. A corrigenda deve ser imediata à falta cometida; é improdutivo o "quando seu pai chegar..."! Para crianças maiores de 6 anos o castigo é educativo se precedido de regras claras e justificadas, explicadas o porquê.

▪ Na educação dos filhos, para coibir o erro, aplicamos castigo. E para reforçar o acerto?

Ressaltar que a recompensa é importante reforço de atitudes positivas. No entanto é comum escutar: Não fez mais do que a obrigação! Se a recompensa for material, deve ser dada como surpresa, diante de uma superação, esporadicamente, não como barganha. Quanto mais os pais fazem "tratos" ou barganhas, mais a criança exige para fazer o que é sua obrigação. É importantíssimo o elogio sincero, um afago, um sorriso para estimular a repetição de um comportamento.

Proposta 2 **Data: ___/___/_____**

No Evangelho *– Ler ou reproduzir o item 6 do capítulo IX de* O Evangelho segundo o Espiritismo *– A afabilidade e a doçura. Após a leitura do item proposto, pedir que comentem o entendido em relação ao tema da aula. Perguntar quais podem ser as consequências dessa tirania doméstica para os filhos.*

Proposta 3 **Data: ___/___/_____**

Comentário do texto *– Ler ou reproduzir o texto para que os pais comentem como lidam com estas questões de limites, castigos e disciplina.*

Quando os pais impõem limites para os filhos, estes entendem essa postura como castigo. Mas é necessário agir assim, para que os filhos aprendam a noção do limite.

Se hoje damos tudo o que os filhos querem, satisfazendo todas as suas vontades sem impor limites, quando adultos vão esperar que o mundo também seja obrigado a dar tudo o que eles desejam.

Então, aquilo que hoje parece castigo, amanhã trará recompensas, pois teremos adultos responsáveis e sem frustrações. Muitas vezes é preciso agir com energia e dizer "não" sempre que necessário, mostrar que nem tudo o que os filhos querem é o que eles necessitam. Isso não é truculência, isso é disciplina, e sem disciplina não se aprende a ter responsabilidade.

Agora, é preciso tomar cuidado para não exagerar na disciplina, para não descambar para a violência, o excesso sempre é prejudicial.

Excesso de disciplina é truculência e isso é perigoso, pois aquilo que as crianças recebem hoje é o que elas vão dar para a sociedade amanhã.

Psicografado por Nivaldo em 24.01.2008

Proposta 4 Data: ____/____/______

***Casos** – Ler para os pais as situações a seguir. Propiciar os comentários de como agiriam e se já presenciaram ou viveram uma situação semelhante. Abordar este delicado tema de forma positiva. Tomar o cuidado para que o ambiente não descambe para choros, acusações de maus-tratos, lembranças de casos medonhos que circulam na mídia internacional. Perceber que no texto existe a possibilidade de uma intervenção externa para auxiliar a resolução de conflitos domésticos.*

Vejo um menino de 6 anos, muito inteligente, muito comunicativo. É o orgulho da família: dos pais, dos tios, dos avós, mas o condicionante de querer sempre algo em troca para executar qualquer tipo de tarefa (mesmo as de seu interesse) é motivo de preocupação do seu anjo de guarda. As pessoas não percebem que estão deformando aquela personalidade.

Vejo um menino de 6 anos, muito inteligente, mas tímido, tímido demais. É motivo de preocupação da família que é extremamente podadora. Cortam as atitudes espontâneas da criança, que é brincar, aprender, testar. A qualquer atitude da criança sempre surge um adulto a lhe impor um castigo, pois acham que estão certos. E que não se pode dar muita liberdade aos pequenos porque é quando a árvore está nova que se endireitam os galhos.

A vida não é fácil, portanto é melhor que ele logo se acostume com isto para não sofrer depois.

Parece que o único ser que percebe o que está ocorrendo é o seu anjo da guarda.

Pobre criança! É castigada, podada, frustrada em todas as investidas de ser feliz.

A tendência é repetirmos as atitudes dos nossos pais e, provavelmente, se algo não acontecer para quebrar este enredo, realmente as histórias de vida se tornam tristes e repetitivas em erros e poucos acertos.

Às vezes um vizinho pode interferir, um parente, um professor, um assistente social, um psicólogo, um médico. São pessoas colocadas estrategicamente na vida desses lares para provocarem mudanças, guinadas que alterarão de modo positivo seus rumos.

Peçamos a Deus que a casa espírita, a evangelização infantil ou adulta possam agir nestes lares em desequilíbrio.

Violência familiar é tema muito difícil de ser conversado, pois você pode estar diante de uma vítima ou de um algoz. Ou você mesmo pode ser uma vítima ou algoz dentro de seu lar.

Toda violência é condenável por Deus e pelos ensinamentos cristãos, mas dentro da óptica da evangelização infantil, a violência cometida contra a criança é muito mais recriminada, pois envolve um ser mais frágil fisicamente e psicologicamente mais dependente do seu agressor. Geralmente sem meios de defesa. Um misto de amor e ódio que pode vir até de vidas anteriores.

São pessoas desajustadas que não conseguem sair dessa roda de violência e necessitam de ajuda externa ou da intervenção divina em suas vidas.

A vibração feita nos lares e nos centros pode e deve ser dirigida a esses ambientes necessitados de equilíbrio.

O discurso na rua pode ser bonito, mas só na convivência dentro do lar mostramos quem realmente somos.

O ideal é se conseguir um clima de ameaça nível zero. Um clima de confiança nível dez. Um clima de tolerância nível cem. Um clima de amor nível mil.

Psicografado por Beth em 24.01.2008

Proposta 5 **Data: ___/___/_____**

Dinâmica *– Apresentar as figuras do anexo II. Mostrar a figura 1 e perguntar por onde e como dirigiriam na estrada. A seguir, mostrar a figura 2, fazendo a mesma pergunta. Prosseguir com o questionamento, conduzindo o diálogo conforme as orientações.*

- Em qual estrada se sentiriam mais seguros para dirigir?

- Qual a importância dos limites e orientações?

Perceber que os limites são importantes para a segurança e que é mais fácil aceitar limites que são estabelecidos quando há uma relação de confiança.

- Qual a relação entre confiança e limites?

Podemos não entender muito bem a necessidade de determinados limites, mas os respeitamos quando confiamos em quem os estabelece.

Finalização da aula

A – Ler o texto ou reproduzi-lo para distribuição.

"Toda corrigenda, antes que se exprima em palavras, há de vazar-se em amor, para que a vida se eleve."

Emmanuel
Religião dos Espíritos

B – Relaxamento – Deixar alguns minutos no encerramento para um relaxamento, cujo objetivo é dispersar lembranças negativas que tenham surgido durante a discussão e os comentários. Pedir que os pais permaneçam em posição confortável, de olhos fechados, imaginando todas as famílias da Terra vivendo em harmonia. Também nossas famílias sendo abençoadas pelo Sol, pelo céu, pelos protetores espirituais. Citar que o passado já passou, mas o presente e o futuro podem ser modificados para melhor, muito melhor, por meio das nossas atitudes e decisões. Pedir ajuda à espiritualidade que sempre nos assiste, a Jesus e a Deus.

Complementos

▪ Bibliografia

KARDEC, Allan – *O Evangelho segundo o Espiritismo*, cap. IX. São Paulo: LAKE, 2002.

LORENZETTI, Valentim – *Caminhos de Libertação*, cap. 57 “Estranha dentro do lar”. São Paulo: Editora Aliança, 2004.

SAYÃO, Rosely – Jornal *Folha de S. Paulo*, Equilíbrio, artigos:

“Castigo e impunidade” – 12/07/2007

“Palmada educa ou deseduca” – 07/04/2005

XAVIER, Francisco C. (Emmanuel – Espírito) – *Religião dos Espíritos*, lição 19”Corrigir”. Rio de Janeiro: FEB, 2007.

Sucesso escolar 14

"Teremos olvidado a multi-milenar paciência de Cristo para conosco? Para nós que, tanto erramos; tanto conhecendo, tão pouco praticamos seu Evangelho; tanto louvando o amor, tão pouco amamos?"

Bezerra de Menezes

Comentários Evangélicos, item 21, Editora Aliança.

Tema / Conteúdo

Sucesso escolar – sugerir algumas posturas de auxílio para um desempenho escolar mais produtivo.

Motivação Inicial

História de Licurgo – *Levar os pais à reflexão do que é educação a partir da seguinte história:*

"Conta-se que Licurgo, célebre orador ateniense, foi certa ocasião convidado a falar sobre EDUCAÇÃO.

Aceitou o convite, sob a condição de lhe concederem três meses de prazo. Findo esse tempo, apresentou-se perante numerosa e seleta assembleia que aguardava ávida de curiosidade as palavras do consagrado orador.

Licurgo apareceu, então, trazendo consigo dois cães e duas lebres.

Soltou o primeiro cão e uma das lebres. A cena foi chocante e bárbara. O cão avança furioso sobre a lebre e a despedaça.

Soltou em seguida o segundo cão e a outra lebre. O cão pôs-se a brincar com a lebre amistosamente. Ambos os animais corriam de um lado para o outro encontrando-se aqui e acolá para se afagarem mutuamente.

Ergue-se, então, Licurgo na tribuna e conclui:

– Eis aí o que é educação. O primeiro cão é da mesma raça e idade do segundo. Foi tratado e alimentado em idênticas condições. A diferença entre eles é que um foi educado e o outro não."

Após a história, ressaltar que educar é iluminar o coração para libertar a humanidade de todas as formas de selvageria, de todas as modalidades de violências e crueldades, de todos os gestos de rivalidade e imoralidades, ou seja, significa o harmonioso desenvolvimento das faculdades espirituais.

Desenvolvimento da aula

Proposta I **Data: ____/____/______**

Questionamento *– Fazer as perguntas a seguir e ouvir atentamente as respostas. Conduzir o diálogo, salientando alguns obstáculos que podem surgir nessa caminhada de educar. Sugerir, então, algumas atitudes para o sucesso escolar.*

- O que é rebeldia?

É sempre um teste que, no caso, a criança faz para ver até onde pode ir, determina assim os seus limites. Ou é autoafirmação, principalmente no adolescente, para constituir sua personalidade. Determinar limites e autoafirmação são características normais no crescimento do indivíduo. Mas, se exageradas, são consideradas como desobediência e tirania, demonstrando que os pais não conseguiram impor limites para o comportamento dos filhos.

Para demonstrar autoafirmação, mais comum no início da adolescência, o jovem age de forma contrária ao desejado pelos pais. Basta a mãe falar uma coisa para o filho fazer ou querer exatamente o oposto. Pode aparecer, então, em forma de desinteresse escolar (uma forma de contrariar o desejo dos pais).

▪ Qual a causa do desinteresse escolar?

Quando o filho apresenta esse comportamento de desinteresse escolar, não é só um ponto que o leva a isso, mas um conjunto de fatores contribui para que aja dessa forma.

Problemas físicos – visão e audição deficientes, doenças.

Inadequação à escola ou ao grupo da escola.

Problemas emocionais – perdas de entes queridos, separações conjugais, mudanças de cidade, forma de chamar atenção.

▪ Como estimular os filhos para obter o sucesso escolar?

Sugestões de como os pais podem favorecer o interesse, auxiliando num desempenho escolar mais produtivo:

Motivar os filhos para que queiram estudar e desenvolvam um senso de competência que eleva a uma autoestima satisfatória.

Salientar que o estudo é o trabalho do estudante.

Valorizar o trabalho e o esforço que realizam, não somente os resultados (notas). É importante que os filhos reconheçam seus pontos fortes e fracos, as áreas em que têm mais habilidades.

Acompanhar dia a dia, de maneira prudente, os estudos dos filhos. Perguntar o que aprenderam e como isso pode ser importante na vida deles. Ajudar os filhos não quer dizer que devam fazer suas lições, mas que orientem, mostrando como se procura informações em livros, nos cadernos e outros materiais disponíveis.

Propiciar que mantenham um plano diário de estudo, num lugar tranquilo, num horário em que estejam mais atentos e dispostos, que se respeite sem interrupções.

Controlar o uso de TV, computador e videogame para os momentos de lazer.

Dar o exemplo: ler livros, jornais, ouvir música, ver filmes e espetáculos de qualidade.

Ficar atento às datas e épocas de provas e avaliações. Levar isso em conta na hora de programar viagens e atividades familiares.

Proposta 2 Data: ____/____/_____

Casos *– Ler os casos e pedir que os participantes comentem como agiriam numa situação semelhante, se já presenciaram alguma cena parecida ou que deem um depoimento de alguma vivência. Conduzir o diálogo conforme as sugestões.*

Caso 1

Meu filho chegou, esse bimestre, com notas 5, em seu boletim. Como considero esta nota, boa ou ruim?

Refletir que a nota não representa o esforço que o filho imprimiu para chegar a esse resultado. Uma nota elevada sem esforço, não merece um elogio. Por vezes, uma aprovação com nota mínima, pode ser motivo de uma grande conquista, de uma superação de dificuldades. Vai depender também da facilidade ou não que tem para a matéria estudada. Se os pais acompanham constantemente a trajetória da vida escolar dos filhos, terão condições de avaliar seu desempenho e o real aprendizado. A exigência dos pais quanto ao rendimento escolar dos filhos deverá ser coerente com as capacidades reais desses filhos e centrar-se não nos resultados, mas no esforço despendido por eles.

Caso 2

Os pais esperam que, com o apoio dos professores, os filhos alcancem um bom desempenho escolar. Os professores dizem que um bom desempenho escolar depende do apoio dos pais. O que você pensa sobre isso?

Observar que tanto a escola quanto os pais influenciam na formação da criança. No entanto, a formação moral é de maior responsabilidade dos pais. Obtendo tal formação, a criança estará mais preparada para o aprendizado intelectual.

Proposta 3 **Data: ___/___/_____**

No Evangelho *– Ler a questão 898 de* O Livro dos Espíritos. *Aguardar a resposta dos participantes e só então ler a versão dada pelos Espíritos. A seguir, repetir o mesmo procedimento com a questão 204 de* O Consolador.

L.E. 898 Desde que a vida corpórea é apenas uma efêmera passagem por este mundo, e que o nosso futuro deve ser a nossa principal preocupação, é útil esforçar-nos por adquirir conhecimentos científicos que se referem somente às coisas e necessidades materiais?

– Sem dúvida. Primeiro, isso vos torna capazes de aliviar os vossos irmãos; depois, vosso Espírito se elevará mais depressa se houver progredido intelectualmente. No intervalo das encarnações aprendereis em uma hora aquilo que na Terra demandaria anos. Nenhum conhecimento é inútil; todos contribuem mais ou menos para o adiantamento, porque o espírito perfeito deve saber tudo e devendo o progresso realizar-se em todos os sentidos, todas as ideias adquiridas ajudam o desenvolvimento do Espírito.

O Consolador. 204 A alma humana poder-se-á elevar para Deus tão somente com o progresso moral, sem os valores intelectivos?

– O sentimento e a sabedoria são as duas asas com que a alma se elevará para a perfeição infinita.

No círculo acanhado do orbe terrestre, ambos são classificados como adiantamento moral e adiantamento intelectual, mas, como estamos examinando os valores propriamente do mundo, em particular, devemos reconhecer que ambos são imprescindíveis ao progresso, sendo justo, porém, considerar a superioridade do primeiro sobre o segundo, porquanto a parte intelectual sem a moral pode oferecer numerosas perspectivas de queda, na repetição das experiências, enquanto que o avanço moral jamais será excessivo, representando o núcleo mais importante das energias evolutivas.

Proposta 4 Data: ____/____/______

Leitura – *Ler ou reproduzir o texto para que os participantes, individualmente ou em grupos, comentem e encontrem nele sugestões para auxiliar no sucesso do desempenho escolar dos filhos.*

O crânio é uma caixa mágica que abriga o cérebro e seus mistérios.

Como uma pessoa aprende?

Sabemos que aprendemos incessantemente, mas ainda não entendemos plenamente como isto se dá, devido à alta complexidade deste processo.

Um aluno consegue captar uma mensagem logo de cara, outro depois de três repetições e o outro é incapaz de aprender. E se mudarmos de matéria é possível que aquele que era o último, o incapaz, torne-se o primeiro.

Então aos poucos vamos deduzindo que tudo depende do Espírito e de suas vivências.

Pode ser que com a devida estimulação passemos a nos desprender das nossas dificuldades, bloqueios, experiências negativas e até mesmo deficiências físicas para passarmos a aprender fluentemente.

Uns precisam de estímulos visuais, outros de táteis, ou de auditivos. Cada um sente de uma determinada forma.

Para o Espírito o importante é qual a sensação recebida com aquela informação, daí o cérebro a processa e decide se vai retê-la ou não.

O problema é que nem sempre o emocional ajuda no momento do aprendizado. Como nos sentirmos bem numa classe superlotada, barulhenta, abafada, quente, fria, nada aconchegante? Daí existe primeiro uma barreira física que influi no emocional e no aprendizado.

A seguir vem o desconforto interpessoal: a relação professor-aluno, pais-filhos. Ela deve ser a mais agradável para viabilizar o ensino.

Depois vêm as vivências pessoais: fatos e experiências que influenciam para mais ou para menos. Mesmo que o físico e o interpessoal sejam favoráveis ao ensino.

Então, aos adultos cabe proporcionar um ambiente de ameaça zero tanto na escola, nos lares, nos clubes, nas igrejas. Trazer ao uso todo material didático conhecido. Respeitar os limites individuais da criança. Ofertar um ambiente de vivência lúdica, quer dizer, bem agradável e feliz para que todos se beneficiem com esta convivência, tanto os adultos como as crianças.

Aos pais cabe ainda o acompanhamento consciente das atividades, tarefas a serem desenvolvidas fora da sala de aula.

Os filhos, se forem bem guiados, terão maturidade para seus deveres de alunos, mesmo que bem novinhos. É espantoso como crianças de 1, 2 anos conseguem se expressar com tanta clareza, conseguem fazer coisas que para um idoso é muito difícil, como ligar ou operar um equipamento eletrônico. Então o adulto também precisa aprender para acompanhar o aprendizado da criança. É como se a criança trouxesse notícias da espiritualidade.

Psicografado por Beth em 27.03.2008

Finalização da aula

Pedir aos pais que construam uma frase usando as palavras ***sucesso*** *e* ***educação****.*

Complementos

▪ Bibliografia

AUTORES DIVERSOS – *Curso de Preparação para Evangelizador Infanto-juvenil,* cap. 1. São Paulo: Editora Aliança, 2001.

AUTORES DIVERSOS – *Evangelização Infanto-juvenil*: Maternal, aula 33 (Tuta); Jardim B, aula 18 (Estudar é bom); Jardim C, aula 18 (O besourinho azul); Primário A, aula 27 (Dr. Bezerra de Menezes); Primário B, aula 18 (O estudo de Paulinho); Primário C, aula 36 (O mistério do Cerro Negro); Inter A, aula 29 (A matemática da vida: estudar sempre); Inter B, aula 29 (O destino de Nadir/A lua). São Paulo: Editora Aliança.

BURNETT, Garry – *Primeiro os Pais: Pais e Filhos Aprendendo Juntos*. São Paulo: Madras, 2005.

KARDEC, Allan - *O Livro dos Espíritos,* questão 898. São Paulo: LAKE, 2001.

XAVIER, Francisco C. (Emmanuel - Espírito) - *O Consolador,* pergunta 204. Rio de Janeiro: FEB, 1985.

▪ Dicas

O dirigente poderá consultar também a questão 208 de *O Livro dos Espíritos* para complementar o assunto.

A mentira infantil 15

"Seja porém a tua palavra: sim, sim; não, não, porque o que passa disso é de procedência maligna."

Mateus, 5:37

Tema / Conteúdo

A mentira infantil – esclarecer a diferença entre mentira e fantasia. Enfatizar a necessidade do diálogo.

Motivação Inicial

A – Questionamento *– O que a tradição popular costuma comemorar no dia 1º de abril?*

B – Passeio imaginário *– Pedir que os participantes fechem os olhos, sentem-se confortavelmente, respirem fundo e relaxem, porque irão fazer um passeio. Colocar uma música suave ao fundo e conduzir pausadamente: Vamos nos imaginar num campo bem verde, cheio de flores miúdas, coloridas... O céu é de um azul intenso, claro, brilhante... O sol despeja seus raios docemente sobre você, que caminha lentamente por entre as flores, sentindo o suave perfume... Huuummm! Observe também um riacho com águas claras e cristalinas. A água fresca toca seus pés... Você sente o frescor... respira profundamente e volta... Lentamente... Reabastecido de energia.*

Desenvolvimento da aula

Proposta I **Data: ___/___/____**

Questionamento *– Fazer as perguntas e ouvir as respostas. Conduzir o diálogo, baseando-se nas orientações.*

- Conseguiram visualizar esse local? Como se sentiram? Foi fácil imaginar o lugar? O que fizeram: fantasiaram ou mentiram?

Perceber que o adulto tem mais dificuldade em imaginar, que precisa ser conduzido. A criança e o jovem, quanto mais novos, têm maior facilidade de fantasiar, imaginando e "criando" coisas. Assim, muitas vezes, os pais confundem a capacidade de imaginar com a mentira. A mentira é um ato deliberado de afirmar algo que se tem certeza de não corresponder à verdade. É algo premeditado para safar-se de algum problema.

- Em que idade tem início a fantasia? Como encará-la dos 2 aos 5 anos de idade?

Observar que a fantasia tem início com a aquisição da linguagem, mais ou menos com 1 ano e meio e 2 anos de idade. Crianças de até 5 anos não conseguem separar a fantasia do real. A imaginação faz parte do desenvolvimento normal da criança e é a base para o pensamento lógico que o adulto tem. A partir dos 7 anos a criação de situações irreais e as "invenções" passam a ser mais raras.

- Por que a criança mente?

Salientar que antes de repreender a criança, é preciso conhecer os motivos que levam a essas mentiras. Lembrar que a partir dos 7 anos a mentira torna-se intencional, a criança passa a mentir para se afastar de algum problema, necessitando, então, de repreensões com abordagens mais diretas. Mente para fugir às responsabilidades, por vergonha ou medo de decepcionar os pais, professores e amigos, por medo de ser castigada, para chamar a atenção, por não querer reviver lembranças de momentos anteriores em que foi sincera e não compreendida.

▪ O que os pais podem fazer para acabar com essas mentiras?

Orientar que os pais precisam conversar e explicar por que não é bom mentir. Só quando a criança se sente confiante, com a autoestima elevada é que as "invenções" vão desaparecendo. Os pais não devem esquecer que são os modelos de maior importância para os filhos, portanto observar a própria conduta e eliminar as mentiras "inocentes" são atitudes que auxiliarão no comportamento das crianças.

▪ Castigar a criança que mente é eficaz? Por quê?

Salientar que um dos principais motivos da mentira é o medo e, portanto, o castigo poderá piorar a situação, causando mais insegurança. A criança poderá entender que está sendo castigada porque o pai/mãe descobriu a verdade e, da próxima vez, procurará ser mais "cuidadosa", aprimorando as formas de ocultar a verdade. É bom lembrar que o que desejamos é encorajar a honestidade da criança e que, na medida do possível, devemos explicar-lhe as consequências negativas da mentira e as vantagens de falar a verdade.

Proposta 2 **Data: ____/____/______**

Casos *– Ler os casos e pedir que os participantes comentem como agiriam numa situação semelhante, se já presenciaram*

alguma cena parecida ou que deem um depoimento de alguma vivência. Conduzir o diálogo, baseando-se nas sugestões.

Caso 1

Numa determinada sala de espetáculo, há um cartaz dizendo que crianças de até 5 anos não pagam. A criança chega na bilheteria e diz:

— Minha mãe mandou eu dizer que tenho 5 anos.

Salientar que a criança é, muitas vezes, estimulada a usar um subterfúgio para ludibriar a sociedade. Observar ainda que a criança, em sua espontaneidade, não consegue perceber a "armadilha" para que o adulto consiga tirar vantagem da situação.

Caso 2

A criança faz algo considerado errado, mas se arrepende e procura reparar o erro, confessando seu ato. Em seguida ela é punida pelo seu comportamento inicial.

Reconhecer o próprio erro é um ato meritório que deve ser estimulado. Se o seu arrependimento não for valorizado, a criança entenderá que, para agradar o adulto e ainda não ser punida, é preferível inventar uma mentira qualquer.

Proposta 3 Data: ____/____/______

***No Evangelho** – Ler a passagem em Mateus, 5:33-37. Pedir que os participantes digam o que entenderam. Perguntar se é válido, nos dias de hoje, um mandamento tão antigo; se é possível cumprir, hoje em dia, essa orientação de Jesus e sempre dizer a verdade.*

"Também ouvistes o que foi dito aos antigos: Não jurarás falso, mas cumprirás rigorosamente para com o Senhor os teus juramentos. Eu porém vos digo: de modo algum jureis. Nem pelo Céu, por ser o trono de Deus; nem pela Terra, por ser estrada dos vossos pés; nem por Jerusalém, por ser a cidade do grande rei; nem jureis pela vossa cabeça, porque não podeis tornar um cabelo branco ou preto.

Seja porém a vossa palavra: sim, sim; não, não, porque o que passa disso é de procedência maligna."

Observar a atualidade do mandamento trazido por Moisés (Não levantar falso testemunho) e também da orientação de Jesus contida no Sermão do Monte.

Finalização da aula

Levar um espelho escondido dentro de uma caixa. Perguntar: Qual é a única pessoa que jamais vai mentir para você?

Pedir que olhem, um por um, dentro da caixa, sem falar. Ao final, refletir que, à medida que conhecermos melhor a nós mesmos, seremos cada vez mais verdadeiros.

Complementos

▪ Bibliografia

AUTORES DIVERSOS – *Iniciação Espírita,* cap. 12 "Interpretação do Sermão do Monte – II", item 4. São Paulo: Editora Aliança, 2000.

AUTORES DIVERSOS – *Evangelização Infanto-juvenil*: Jardim A, aula 27 (Lulu); Jardim B, aula 27 (A raposa que pretendia ser rainha); Jardim C, aula 33 (O menino e a árvore); Primário A, aula 32 (O arrependimento de Didi). São Paulo: Editora Aliança.

INCONTRI, Dora – *A Educação segundo o Espiritismo*, cap. XI, Editora Comenius, 2006.

SIMONETTI, Richard – *A Voz do Monte*, cap. "O cultivo da verdade". Rio de Janeiro: FEB, 2003.

▪ Dicas

O filme *O mentiroso* (1996), com Jim Carrey – comédia em que o personagem é obrigado a ficar 24 horas sem dizer uma mentira sequer, traz momentos de reflexão sobre essa atitude.

Filhos adotivos 16

"Pode a paternidade ser considerada uma missão?

– É sem dúvida, uma missão, e é ao mesmo tempo um dever muito grande que obriga, mais que o homem pensa, sua responsabilidade diante do futuro."

Allan Kardec

O Livro dos Espíritos, questão 582.

Tema / Conteúdo

Filhos adotivos – refletir sobre a atenção para os filhos adotivos ou biológicos. Ambos são Espíritos que precisam da proteção dos pais.

Motivação Inicial

Questionamento – *Fazer a pergunta e ouvir as respostas.*

Você conhece algum caso de adoção?

Desenvolvimento da aula

Proposta I **Data: ____/____/______**

Questionamento – *Propor as perguntas, ouvir atentamente as respostas e conduzir o diálogo baseando-se nas sugestões a seguir.*

- O que leva uma pessoa a adotar um filho?

Muitas vezes a adoção é feita por motivações diferentes: desejo de ter um filho devido à infertilidade ou por altruísmo, desejo de fazer o bem, de ajudar. O que não interfere no relacionamento entre pais e filho.

- É diferente o amor dos pais para um filho consanguíneo e um filho adotivo?

O relacionamento numa família adotiva é o mesmo que numa família biológica.

- Deve-se falar ao filho que ele é adotivo? Existe um momento certo para falar?

De modo geral, a revelação tardia ou a forma como ela é feita (numa discussão, por terceiros...) é que causam problemas para a família.

Proposta 2 Data: ____/____/______

Final da história – *Ler o texto a seguir e pedir que os pais pensem num final para a história, comentando o que fariam no lugar dos personagens.*

É manhã de batente. São 5h45min. O relógio nem despertou ainda, mas Marina acorda com a lembrança nítida de um lindo sonho.

Sonho muito forte, muito real. Sentia o peso, o cheiro, a maciez daquele bebê. Como se ainda o segurasse ao colo.

Abre os olhos. O marido dorme profundamente. O dia começa a clarear. Ela sabe que às 6h todos sairão correndo da cama, tomando um café apressado rumo ao trabalho e à escola.

Era uma saída só. Deixavam as crianças na escola, depois Marina ficava no meio do caminho numa firma e Gustavo prosseguia sozinho até seu serviço. À tarde, faziam o caminho inverso. Ele pegava Marina e, juntos, buscavam as duas filhas que ficavam em período integral na escola.

Voltando ao sonho... Marina ainda estava na dúvida se o contaria ou não para Gustavo logo que deixassem as meninas. Assim estariam a sós para comentários de adultos.

Mas, 5 minutos antes de o despertador tocar, Gustavo acorda e sem se voltar para Marina, fala baixinho sem querer acordá-la:

— Marina, você não vai entender o sonho que acabei de ter! Sonhei que você carregava uma linda menina. Ela devia ter uns 7 ou 8 meses. Ficava sentada, movimentava os bracinhos. Às vezes você a amamentava como fez com as nossas meninas. Ela vestia um macacãozinho rosa, com fitas e babados. Sapato branco com lacinho rosa. Tinha uma tiara também branca e rosa. A pele linda e lisinha de bebê. As mãos perfeitinhas. Ela sorria para todos nós e oferecia os braços querendo passar de colo em colo. Parecia querer falar. Era bem expressiva e feliz. Eu li seu pensamento e ela me disse chamar-se Ana. Com isto eu me assustei, e... acordei. Lembrei-me da minha avó querida. Foi muito emocionante!

Quando ele se volta para Marina para acordá-la, percebe lágrimas de felicidade em seus olhos despertos. Ele acabara de confirmar o sonho dela. Em todos os detalhes.

A partir daí, eles começam a conversar e ponderar se deveriam ou não adotar uma criança: Será que teriam estrutura para começar tudo de novo? Estariam dispostos a passar alguma noite acordados? E as visitas ao pediatra? Seria a avó Ana que precisava de um lar? Teriam eles se esterilizado justamente para assim adotarem alguém? As meninas certamente adorariam outra menina! Iriam pensar e logo decidir.

O despertador toca.

Psicografado por Beth em 06.09.2007

Proposta 3 **Data: ___/___/_____**

No Evangelho – *Apresentar a pergunta de Jesus citada no Evangelho:* Quem é minha mãe e quem são meus irmãos? *Perguntar a cada participante qual seria a sua resposta.*

Em seguida, ler a resposta dada por Jesus:

"E passando os olhos pelos que estavam à sua volta, disse: Eis minha mãe e meus irmãos. Aquele que fizer a vontade de Deus, esse é meu irmão, minha irmã e minha mãe."

Marcos, 3:33-35 / Mateus, 12:48-50.

Conduzir o diálogo a partir dos questionamentos:

- O que Jesus quis mostrar com essa afirmação?

- Existem famílias que adotam crianças. Há diferença entre um filho biológico e um adotivo?

Encaminhar a discussão com base no texto de O Evangelho segundo o Espiritismo, *cap. XIV, item 8, "Parentesco corporal e o parentesco espiritual".*

Finalização da aula

Ler o texto a seguir ou reproduzi-lo para distribuição.

O filho adotivo é um filho espiritual. Pode ter sido um compromisso feito no plano maior e não foi por obra do acaso que chegou até aqueles pais.

Por alguma razão, seja de ordem biológica ou desvio de rota no caminho da reencarnação, ele nasceu fora do domicílio dos pais que assumiram o compromisso no plano espiritual da paternidade terrena. Mas por obra divina, ele, o filho, foi colocado junto da família para a consolidação do compromisso cármico.

Sem os laços consanguíneos a adoção, neste caso, se torna mais meritória. Adotar uma criança é uma decisão muito importante que, quando bem orientada e planejada, traz alegria para pais que não podem ter seus próprios filhos biológicos e para a criança que precisa de uma família.

Os pais adotivos são tão responsáveis quanto os pais consanguíneos na orientação e condução dos filhos no caminho do Bem.

É muito importante, para evitar problemas futuros, manter a criança sempre informada da sua condição de filho adotivo. Se tiver outros filhos biológicos, nunca demonstrar preferência, por menor que seja, entre eles. Jamais fazer comparações, isso pode provocar algum tipo de trauma na criança e ela pode achar que, por não ser filho consanguíneo, não é querido e amado pelos pais da mesma forma que os outros.

Adotar um filho e amá-lo incondicionalmente é a mais sublime tarefa de paternidade.

Psicografado por Nivaldo em 06.09.2007

Complementos

▪ Bibliografia

AUTORES DIVERSOS – *Evangelização Infanto-juvenil*: Intermediário B, aula 13 (Sublime revelação). São Paulo: Editora Aliança, 2006.

CARVALHO, Vera Lúcia Marinzeck de (Antonio Carlos – Espírito) – *Filho adotivo*. São Paulo: Editora Petit, 2002.

KARDEC, Allan – *O Evangelho segundo o Espiritismo*, cap. XIV, itens 5 a 7. São Paulo: LAKE, 2002.

Sociedade

Educar para viver em sociedade 17

"A paisagem social da Terra se transformaria imediatamente para melhor se todos nós, quando na condição de Espíritos encarnados, nos tratássemos, dentro de casa, pelo menos com a cortesia que dispensamos aos nossos amigos."

Valentim Lorenzetti

Caminhos de Libertação, Editora Aliança.

Tema / Conteúdo

Educar para viver em sociedade – observar a colaboração da Evangelização Infantil como elemento que visa proporcionar uma base para o convívio na sociedade.

Motivação Inicial

Questionamento – *Fazer a pergunta e ouvir as respostas.*

O que nos falta para sermos felizes em sociedade?

Desenvolvimento da aula

Proposta I **Data: ____/____/______**

Questionamento – *Propor as seguintes perguntas, uma por vez, aos participantes. Ouvir as respostas e conduzir o diálogo, baseando-se nas orientações.*

▪ Como você acha que a Evangelização Infantil pode contribuir para vivermos em sociedade?

Perceber que a Evangelização Infantil desperta as virtudes do ser humano, estimula o respeito e o amor ao próximo, fornecendo elementos para que cada um seja uma pessoa melhor. Dessa maneira, cada um de nós pode melhorar a vida em sociedade.

▪ Você acredita que a base moral permite que seu filho viva em determinados grupos sem se contaminar?

Assim, tanto a família, quanto a escola e também a Evangelização Infantil têm um papel muito importante nesta fase, que é o de ouvir e proporcionar o diálogo. Com o raciocínio lógico em pleno desenvolvimento, precisam discutir, apresentar seus pontos de vista. É sendo ouvido que o jovem aprenderá a ouvir.

▪ Devemos isolar nosso filho do convívio social, selecionando suas companhias?

Apesar do amparo espiritual, devemos levar em conta que na época da preadolescência e da adolescência o jovem tem a necessidade de ser aceito pelo grupo em que convive e partilha suas experiências.

▪ Você acha que são suficientes as campanhas institucionais feitas sobre educação no trânsito, limpeza urbana, poluição das águas e da atmosfera, doenças transmissíveis, uso de drogas, álcool, fumo, para modificar hábitos na sociedade?

Além da conscientização usada em campanhas institucionais é importante que os adultos também deem o exemplo.

Proposta 2 Data: ___/___/_____

Casos *– Ler os casos e pedir que os participantes comentem como agiriam numa situação semelhante, se já presenciaram alguma cena parecida ou que deem um depoimento de alguma vivência. Conduzir o diálogo, baseando-se nas orientações.*

Caso 1

Um grupo de meninos, de 12 a 14 anos, entra em um supermercado, rouba alguns chocolates e sai tranquilamente sem ser pego. Agem assim somente para ter a sensação de conseguir burlar a vigilância. E se um desses meninos fosse seu filho, o que você faria?

Caso 2

Você foi chamado na escola porque seu filho participou de um ato de vandalismo, pichando paredes e quebrando carteiras. Como você reagiria?

Refletir que o equilíbrio nas atitudes, o bom senso, a imparcialidade, a noção de justiça nas tomadas de decisões devem nortear nossas ações. A base moral e a demonstração de amor aos filhos facilitam que tenham posturas mais adequadas. Encobrindo seus erros, nós os mantemos dependentes de nós, retardando o desenvolvimento de sua autonomia.

Proposta 3 Data: ___/___/_____

Texto *– Ler ou reproduzir um dos textos a seguir para que os participantes comentem e reflitam sobre a importância da evangelização do ser para a obtenção de um mundo melhor.*

Não importa se a criança assistiu a algumas semanas de aula ou já o faz há décadas.

Sempre falamos que a sementinha foi plantada e germinará nas condições favoráveis. Ela nunca morre ou apodrece, pois fica bem dentro da gente.

É um momento mágico que vai fazer pessoas melhores para o mundo.

A criança apresenta campo propício para essa sementeira. Muitas vêm ao mundo quase que preparadas, só faltando uma leve recordação para porem em ação suas habilidades pessoais. Outras, não tão favorecidas, têm a oportunidade de aprender pela primeira vez sobre Jesus e o Amor. E com certeza também farão a diferença nesta sociedade tão carente de amor, em que uma gotinha é capaz de salvá-las. Gotas de amor. Gotas que salvam.

Psicografado por Beth em 12.06.2008

A cada pai e mãe cabe a tarefa de educar e preparar o filho para viver em sociedade. A educação é fundamental para a formação do caráter da pessoa, para o seu convívio pacífico na sociedade. Para convivermos em sociedade precisamos de algo que nos auxilie a lidar com as diferenças entre as pessoas, nas suas particularidades, na sua forma de existir e de entender o mundo, pois apesar de sermos todos humanos, a forma de expressar os nossos desejos é diferente de um para o outro. Viver em sociedade significa obedecer a regras; por isso, a criança precisa aprender desde cedo como se comportar em grupo. A Evangelização Infantil visa introduzir a criança nos conceitos básicos da religião, e também que ela entenda e respeite o próximo. A Evangelização Infantil é mola propulsora que prepara o bom cidadão e, consequentemente, a sociedade renovada. Se forem as crianças de hoje que conduzirão a sociedade de amanhã, então é de fundamental importância que os pais se esforcem em preparar com muito cuidado a infância dos seus filhos. Infância e juventude cristãs formarão sociedades cristianizadas, de mentes abertas e higienizadas, diferenciadas pela fraternidade e pelo pacifismo. Não basta o aperfeiçoamento do intelecto para resolver as situações da vida. É necessário que haja a aprendizagem emocional, educando e aprimorando os sentimentos, auxiliando a criança e o jovem a conquistar a moral elevada.

Psicografado por Nivaldo em 12.06.2008

Proposta 4 Data: ___/___/_____

No Evangelho *– Apresentar o seguinte texto do Antigo Testamento para comentários.*

Provérbios, 22:6 Ensina a criança o caminho em que deve andar e ainda quando for velho não se desviará dele.

Ler em seguida as perguntas de O Livro dos Espíritos, *aguardando a resposta dos participantes. Só então, ler a resposta dada pelos Espíritos.*

L.E. 768 O homem, ao buscar a sociedade, obedece apenas a um sentimento pessoal ou há também nesse sentimento uma finalidade providencial, de ordem geral?

– O homem deve progredir, mas sozinho não o pode fazer porque não possui todas as faculdades: precisa do contato dos outros homens. No isolamento, ele se embrutece e se estiola.

L.E. 1019 O reino do bem poderá um dia realizar-se na Terra?

– O bem reinará na Terra quando, entre os Espíritos que a vêm habitar, os bons superarem os maus. Então eles farão reinar o amor e a justiça, que são a fonte do bem e da felicidade. É pelo progresso moral e pela prática das leis de Deus que o homem atrairá para a Terra os bons Espíritos e afastará os maus. Mas os maus só a deixarão quando o homem tenha banido daqui o orgulho e o egoísmo.

Conduzir o diálogo para que percebam as orientações, tanto no Antigo Testamento *como em* O Livro dos Espíritos *quanto à educação da criança para o caminho reto, para a aquisição de virtudes, buscando apoio na família e no meio social.*

Finalização da aula

Pedir que cada um dos participantes escreva uma palavra-chave no quadro ou em um cartaz para completar a frase:

Para vivermos bem em sociedade, precisamos de ...

Complementos

- **Bibliografia**

AUTORES DIVERSOS – *Evangelização Infanto-Juvenil:* Inter A, aula 34 (O planeta Durão/Biografia de Zamenhof); Inter B, aula 34 (Um desastre ecológico). São Paulo: Editora Aliança.

KARDEC, Allan – *O Livro dos Espíritos,* questões 768, 1019 e conclusão. São Paulo: LAKE, 2001.

LORENZETTI, Valentim – *Caminhos de Libertação,* cap. 9 "Fórmula para melhorar a sociedade". São Paulo: Editora Aliança, 2004.

Preconceito 18

"Com a reencarnação, desaparecem os preconceitos de raças e de castas, pois o mesmo Espírito pode tornar a nascer rico ou pobre, capitalista ou proletário, chefe ou subordinado, livre ou escravo, homem ou mulher."

Allan Kardec

A Gênese, cap. 1, item 36.

Tema / Conteúdo

Preconceito – alertar os pais sobre as várias formas de preconceito e a possibilidade de amenizá-las, visando um futuro melhor.

Motivação Inicial

A – Leitura – *Fazer a leitura do livro* A História do Quadradinho *de Alexandra Prasinos Bernal, Editora Aliança. Em seguida, perguntar qual é o assunto da história.*

B – Apresentação do melhor quadro – *Mostrar duas figuras ou quadros de pintores de épocas diferentes (por exemplo: um clássico e um cubista) e perguntar o que sente em relação a isto e qual é a /o melhor.*

Observar que não existe uma figura ou quadro melhor, são somente diferentes.

Desenvolvimento da aula

Proposta I **Data: ___/___/_____**

Questionamento *– Propor as perguntas, ouvir atentamente as respostas e conduzir o diálogo, baseando-se nas sugestões a seguir.*

- O que é, para você, preconceito? Você já passou por alguma situação de preconceito?

Notar que se trata de um conceito, uma ideia que se tem de algo ou de alguém sem que tenhamos experimentado, vivido. É um julgamento nosso sem base na realidade. É uma generalização que se faz.

A partir de generalizações constantes aprendidas na escola, em casa, na TV, passamos a fazer uma ideia das pessoas ou situações. Por exemplo: português é burro, loira é burra, mulher não sabe dirigir, lugar de homem não é na cozinha, homem não chora, negro quando não apronta na entrada apronta na saída.

- Que tipos de preconceitos conhecemos?

Observar que, ao falarmos em preconceito, a primeira coisa que nos vem à cabeça é o preconceito de cor (negro). Porém existem outros, como:

origem de nascimento: do norte, do sul, da cidade, do campo, de outro país.

social: rico e pobre.

intelectual: com estudo e sem estudo.

aparência: bem ou malvestido, bem penteado, obeso, careca...

religioso: cristão, muçulmano, judeu, ateu...

gênero: de menino e de menina (tarefa, profissão, brincadeira...).

▪ Desde quando existe preconceito?

Preconceito não é novidade em nossa sociedade. Na época de Jesus, por exemplo, havia muito preconceito entre judeus e não judeus (gentios). Isso é chamado de preconceito de origem de nascimento.

▪ Hoje em dia, há no Brasil o preconceito de origem?

Percebemos sua existência quando usamos rótulos associados a determinada região de origem: preguiçoso, apressado, lerdo, displicente, trabalhador, alegre, hospitaleiro...

▪ Somos preconceituosos?

Pelo simples fato de vivermos em sociedade, imaginamos e preconcebemos situações e atitudes. Um exemplo disso é observar como reagimos quando alguém malvestido se aproxima para pedir uma informação. Até contra nós mesmos temos preconceitos, achando que somos incapazes de mudar (nasci assim, sou assim mesmo...).

▪ Até que ponto nós, pais, ensinamos nossos filhos a serem preconceituosos?

Ressaltar que somos exemplos para nossos filhos, queiramos ou não, consciente ou inconscientemente. Transmitimos a eles, por meio de nossa conduta, o modo como vemos o mundo.

Proposta I **Data: ____/____/______**

No Evangelho *– Perguntar aos participantes: Será que Jesus foi vítima de algum preconceito? Depois de ouvi-los, ler as passagens da Bíblia.*

Em Mateus, 13: 54-58.

E, chegando à sua terra, ensinava o povo na sinagoga, de modo que este se maravilhava e dizia: Donde lhe vem esta sabedoria, e estes poderes milagrosos?

Não é este o filho do carpinteiro? E não se chama sua mãe Maria, e seus irmãos Tiago, José, Simão, e Judas?

E não estão entre nós todas as suas irmãs? Donde lhe vem, pois, tudo isto?

E escandalizavam-se dele. Jesus, porém, lhes disse: Um profeta não fica sem honra senão na sua terra e na sua própria casa.

E não fez ali muitos milagres, por causa da incredulidade deles.

Os judeus se achavam o povo escolhido por Deus. Mesmo entre os próprios judeus – os da Judeia (no sul) consideravam os do norte (Galileia) pessoas grosseiras, que de lá não podia vir coisa boa. Vejamos em João, 1: 46.

Disse-lhe Natanael: De Nazaré pode sair alguma coisa boa? (...)

Jesus nos conta a parábola O bom samaritano, *que aparece em Lucas, 10: 30-37.*

Tomando a palavra, disse Jesus: "Descia um homem de Jerusalém a Jericó. Pelo caminho caiu em poder de ladrões que, depois de o despojarem e espancarem, se foram, deixando-o quase morto.

Por acaso desceu pelo mesmo caminho um sacerdote. Vendo-o, passou ao largo.

Do mesmo modo, um levita, passando por aquele lugar, também o viu e passou adiante.

Mas um samaritano, que estava de viagem, chegou a seu lado e, vendo, sentiu compaixão.

Aproximou-se, tratou-lhe as feridas, derramando azeite e vinho. Colocou-o em cima da própria montaria, conduziu-o à hospedaria e teve cuidado dele.

Pela manhã, tirando duas moedas de prata, deu ao hospedeiro e disse-lhe: 'Cuida dele e o que gastares a mais, na volta te pagarei'.

Quem destes três te parece ter-se tornado o próximo daquele que caiu em poder dos ladrões?"

Ele respondeu: "Quem usou de misericórdia para com ele". Então Jesus lhe disse: "Vai e faze tu o mesmo!"

Finalização da aula

Salientar o trabalho interior de cada um de nós para identificar e vencer os próprios preconceitos e minimizar, assim, essa influência sobre nossos filhos.

Complementos

▪ Bibliografia

AUTORES DIVERSOS – *Evangelização Infanto-Juvenil*: Jardim A, aula 11 (O sapo Quá-quá); Jardim B, aula 12 (As três borboletas); Primário B, aula 23 (O melhor desenho); Intermediário A, aula 36 (Parábola do bom samaritano); Intermediário B, aula 36 (Um dia de menina). São Paulo: Editora Aliança.

AUTORES DIVERSOS – *Iniciação Espírita*, cap. 69 "Preconceito". São Paulo: Editora Aliança, 2000.

ÁVILA, Vladimir – *Diferenças Não Separam*. São Paulo: Editora Aliança, 2000.

BERNAL, Alexandra Prasinos – *A História do Quadradinho*. São Paulo: Editora Aliança, 1999.

CONSTITUIÇÃO BRASILEIRA: artigo 5º, I, III, VI, VIII, X.

DECLARAÇÃO UNIVERSAL DOS DIREITOS HUMANOS.

KARDEC, Allan – *O Livro dos Espíritos*, questões 918 e 930. São Paulo: LAKE, 2001.

LEI FEDERAL nº 7.716, de 5 de janeiro de 1989, que define os crimes resultantes de discriminação ou preconceitos de raça, cor, etnia, religião ou procedência nacional.

XAVIER, Francisco C. (Emmanuel – Espírito) – *Paulo e Estevão*. Rio de Janeiro: FEB, 2002.

▪ Dicas

O filme *Crown Heights* (2004) – drama de Jeremy Kogan aborda o assunto. No início dos anos 90, em Crown Heights, no Brooklyn, um judeu e um negro unem-se para difundir esperança na comunidade.

Educação para a Paz 19

"Felizes os que trabalham pela paz entre as pessoas, pois Deus os tratará como seus filhos."

Mateus, 5: 9.

Tema / Conteúdo

Educação para a Paz – divulgar a implantação de uma cultura de paz e neutralização da violência.

Motivação Inicial

Questionamento – *Fazer as perguntas a seguir. O objetivo é mostrar que uma só pessoa pode influenciar o mundo todo com seu exemplo, mesmo que anonimamente.*

Cite uma pessoa que seja símbolo de paz e outra que simbolize a violência.

O que faz com que você as veja assim?

E o seu filho, poderá ser símbolo de paz?

Desenvolvimento da aula

Proposta I Data: ____/____/______

Leitura – *"Fazei de mim um instrumento de vossa paz". Distribuir cada parte do texto a um grupo de pais para que leiam* *e reflitam sobre a frase correspondente, expressando sua opinião. A seguir, um representante de cada grupo apresenta as conclusões a que chegaram.*

1. A Paz começa dentro de nós, dentro dos lares.

Esta frase da Oração de São Francisco: Senhor! Fazei de mim um instrumento da vossa PAZ, soa hoje como um alerta, uma reflexão pessoal inadiável, uma vez que não se obtém paz de fora para dentro, através da força, soldados, prisões, castigos, penas etc.

Ela é um processo interior de cada um de nós, dos lares, das famílias para a sociedade em geral, aliás o único exército capaz de promover a Paz no mundo será composto de Pais e Mães, devidamente preparados e engajados na proposta de educação e evangelização de seus filhos.

Enquanto pensarmos que só as grandes obras, como creches, abrigos, hospitais, fundações etc. resolverão os graves problemas da humanidade, estaremos equivocados e esquecendo da maior de todas as instituições: O Lar – A Família.

Senão vejamos: Nas colônias espirituais, em regra geral, é prática que um casal programe a sua reencarnação planejando onde, quando e como será a sua vida na Terra, e assume compromisso de receber 1, 2 ou quem sabe até 3 filhos nos dias de hoje.

E esta instituição será dirigida durante 60, 70 anos apenas para abrigar estes 2 ou 3 Espíritos dos quais terão que prestar contas da sua administração.

Então, quando se somam todos os lares, estamos ou não à frente de uma grande e extraordinária obra?

2. Todos nós somos responsáveis por reduzir a violência.

Ocorre que, muitas vezes, deixa-se de lado esta perspectiva de unidades para pensar que a solução dos graves problemas da humanidade não é de nossa responsabilidade e sim das autoridades eleitas.

E como resultado deste "deixa para os outros", acompanhamos com requintes de detalhes as notícias e reportagens sobre os atos mais violentos que se possa imaginar, e estes fatos, todos os dias, vão tornando as pessoas mais insensíveis, levando cada um de nós a desconsiderar ou a não dar a devida importância às nossas pequenas atitudes de violência, o que é um grave erro – a palavra *violência* exprime todo pensamento, complementado ou não por palavras e ações, que exterioriza um sentimento contrário à Lei do Amor, da Caridade e da Paz.

3. Pequenas atitudes desencadeiam grandes resultados tanto para a paz como para a guerra.

A tendência à violência é característica nossa, Espíritos vinculados ao planeta Terra, variando apenas quanto à intensidade e aos estímulos necessários para desencadear a ação violenta.

Daí todo cuidado é pouco, buscando maior prudência ao julgarmos as atitudes do próximo, porque não sabemos se guardamos em nosso íntimo o mesmo grau de violência que condenamos, e que está a espera apenas de condições propícias para despertar.

Se ao cruzarmos no dia a dia com nossos familiares, amigos, colaboradores, muitas vezes expressamos palavras e pensamentos de irritação, intolerância, nas atitudes e gestos, por que nos enganarmos achando que não somos violentos?

Fiquemos atentos à violência interior de cada um de nós, nas suas diversas formas e intensidades, pois, caso contrário, não poderemos afirmar com segurança que não somos violentos, apenas não fomos devidamente testados ainda.

Parece lógico supor que os pequenos atos violentos sejam mais fáceis de eliminar. Engano nosso, pois o conjunto destes pequenos atos favorece perigosamente o aumento gradativo da tendência de agir com violência.

Assim convém estarmos atentos na modificação ou, pelo menos, no controle das pequenas atitudes inconvenientes, bem como evitar que elas se transformem em hábitos, o que vai dificultando sua constatação e eliminação.

4. Existem práticas possíveis para nos mantermos em paz.

O conhecimento espírita, mais propriamente o Evangelho segundo o Espiritismo, oferece as medidas preventivas imprescindíveis para evitar que o sofrimento surja em consequência da Lei de Ação e Reação.

Como por exemplo: Conhecer melhor a si mesmo, enriquecer-se dia a dia através da educação espiritual estimulando o bem interior, o autoaperfeiçoamento, a prática da oração e da caridade.

E, falando em oração, ela nunca se fez tão urgente e necessária.

O plano espiritual tem pedido exaustivamente que nos dediquemos à prece.

A oração é a única vacina que nos imuniza contra a violência. No passado, orava-se pela manhã, na hora do Ângelus; a Ave-Maria das 6 horas da tarde, e hoje, quão poucos são os que têm o hábito de orar diariamente. E, assim vamos ficando contaminados e contaminamos uns aos outros neste processo incontrolável de brutalidades sem conta.

O que fazer? Jesus já nos trouxe a resposta. Nunca o "orai e vigiai" foi tão necessário. Mas atenção, trata-se do vigiar a nós mesmos, reconhecendo e modificando as nossas pequenas tendências violentas.

Estando a evolução dos homens subordinada ao relacionamento de uns para com os outros, pode-se concluir que os grandes atos de violência surgem da somatória dos pequenos conflitos entre pessoas.

É inegável a influência dos pensamentos com os quais nos sintonizamos, segundo o princípio que semelhante atrai semelhante, fortalecendo os pensamentos e sentimentos da faixa em que nos situamos. O exame de consciência periódico, o mergulho no nosso interior é instrumento útil e necessário, não só de identificação dos erros cometidos, mas também como registro de acertos, objetivando a motivação necessária para a continuidade da Reforma Íntima.

Este processo foi estabelecido de forma prática e poderosa a partir da criação das Escolas de Aprendizes do Evangelho por Edgard

Armond na década de 50, e que desde lá, convida todos aqueles que verdadeiramente querem buscar a Paz interior e a Paz no mundo.

"Seja você a mudança que quer ver no mundo." – Ghandi

Vera Perez
CEAE Genebra /SP
O Trevo, julho/agosto 2007, páginas 17 e 18.

Finalização da aula (da proposta 1)

Apresentar a música Oração de São Francisco *contida no CD 3, música 4, do livro* Crescendo Cantando, *que pode ser ouvida e cantada pelo grupo.*

Proposta 2 Data: ___/___/_____

Questionamento e leitura – *Propor as questões para discussão. A seguir, ler o texto* Divulgar a cultura da paz para neutralizar a violência *e perguntar o que se pode concluir a partir dele, usando as respostas como finalização da aula.*

- Que comentários você faz diante de seu filho sobre grupos e comunidades que não agem como você?
- Que dificuldades encontramos para nos relacionarmos com aqueles que são diferentes de nós?

Divulgar a cultura da paz para neutralizar a violência

Há edifícios no astral terrestre que se destinam ao encontro entre representantes de nações e culturas diferentes.

Tais lideranças ocupam-se da busca do equilíbrio e da oferta de condições adequadas ao desenvolvimento espiritual coletivo.

Por vezes, em desprendimento pelo sono, líderes encarnados têm permissão de assistir a tais encontros, na tentativa de diminuir as distâncias e as diferenças de pensamento.

Os comportamentos radicais são reflexos da estreiteza dos pontos de vista unilaterais, dificultando o estabelecimento da paz. Mas como, para Deus, até mesmo as ações do Mal são aproveitadas para trazer progresso, os radicalismos são permitidos para que a experiência mais dolorosa também seja aprendizado útil.

Estes salões de encontros interculturais no espaço demonstram a riqueza da diversidade.

As culturas dos povos da Terra encontraram caminhos muito distintos para vencer desafios em sua história. Isso demonstra a força do impulso evolutivo e a capacidade criadora da mente humana. Se assim não fosse, não haveria progresso social. Porém, a visão individualista impede-nos de reconhecer outros caminhos que não os nossos próprios caminhos.

Por este motivo, vez por outra, uma espécie de choque cultural precisa ser promovido entre os habitantes da Terra.

As dores e a busca que impelem um ser em sofrimento a buscar outras terras e outros horizontes é aproveitada para produzir um choque que leva à abertura de mentes e corações, nos mais diversos pontos do planeta.

Quando dizemos que o ser humano dominou o espaço exterior, mas não dominou o espaço interior, demonstramos porque os sentimentos e os comportamentos são, muitas vezes, imprevisíveis. É um terreno desconhecido do qual provêm as reações a tudo o que é diferente.

Vemos ameaças onde elas não existem e acabamos nos tornando ameaças reais uns para os outros.

Experiências multiculturais intensas podem ser tentadas mais vezes na Terra, às vezes de maneira simples e despretensiosa, para ajudar a remover barreiras do sentimento, elevando o nível dos relacionamentos humanos.

Está ao alcance de todos, nos lares e famílias, nas empresas e organizações, nos templos e frentes sociais. Tudo pode ser aproveitado para construir pontes entre corações, superando as diferenças e produzindo a concórdia.

Existem caminhos ainda não tentados pelas criaturas na busca do entendimento. Devemos usar a imaginação e a vontade para encontrá-los.

Psicografado por Eduardo em 20.03.2008

Proposta 3 Data: ___/___/_____

No Evangelho *– Propor as questões para discussão. Ouvir as respostas atentamente. Em seguida, ler* O Evangelho segundo o Espiritismo, *cap. IX, item 9, comentando-o.*

- O que é cólera?
- Há situações no lar que podem desencadear acessos de cólera? Quais suas consequências?
- Existe alguma maneira de neutralizar esses acessos? Qual?

Proposta 4 Data: ___/___/_____

Questionamento *– Propor as perguntas para discussão. Ouvir atentamente as respostas. Após os comentários, distribuir o texto a seguir para leitura. Pedir aos pais que deem sugestões de ações para promover a paz, que sejam realizáveis por eles.*

- Para se fazer a paz, basta não fazer a guerra?

▪ Quem não faz guerra, promove paz?

Falamos paz, paz... mas, o sentimento real de paz em nós é mais rápido do que a pronúncia da palavra.

O mundo gira e, apesar desse movimento ininterrupto, Deus nos quer em harmonia com Ele. Se teimarmos em girar num sentido contrário a essa harmonia, podemos provocar um desgaste, um atrito que pode significar violência ou agressão.

Viver longe da harmonia de Deus é procurar rumos antinaturais. Para estarmos em paz não significa inércia, prostração, estagnação.

O estabelecimento de uma cultura de paz é transcendental à matéria, ao consumismo, aos interesses políticos. É olhar para o próximo como irmão, como semelhante, que sangra e sofre se for ferido na sua integridade física ou moral.

A paz é semeada dia a dia para ser colhida também todos os dias. E a violência? Como funciona? Para a violência, basta uma só germinar para colhermos juntos para a eternidade.

Como a nossa tendência natural ainda é praticarmos o mal, parece que é necessário um esforço muito maior para anulá-lo ou para fazer o bem.

A cultura da paz é uma presença muito sutil, quase não a percebemos; mas, quando ela está ausente, o estrago é grande e todos são vítimas da sua ausência.

Lutemos pela paz! É um contrassenso, mas é real, pois uma pessoa precisa ser forte, combativa, ativa.

Vivenciamos a paz? Sentimos paz em nós? Queremos a paz para todos?

A paz está aí, pois é Jesus quem nos traz! Ela existe e nunca deixou de existir. Se parece o contrário é apenas por nossa incapacidade de vivenciá-la. Voltamos a dizer: a paz sempre começa dentro de cada um de nós. E por último, a violência também. E quem é Jesus, senão um mensageiro da paz?

Psicografado por Beth em 20.03.2008

Finalização da aula (das proposta 3 e 4)

Ouvir a música O Sal da Terra – *Beto Guedes, observando as sugestões de ações pela paz que ela apresenta.*

Complementos

▪ Bibliografia

AUTORES DIVERSOS – *Evangelização Infanto-juvenil:* Jardim A, aulas 4 (A meiga Catila) e 29 (Batuta e Garnisé); Jardim B, aula 30 (Tico e Caco); Primário A, aula 34 (A queda); Primário B, aula 32 (A campanha); Intermediário A, aula 34 (O planeta Durão/ Biografia de Zamenhof). São Paulo: Editora Aliança.

KARDEC, Allan – *O Evangelho segundo o Espiritismo,* caps. IX e XII. São Paulo: LAKE, 2002.

▪ Dicas

Maneiras de resolver conflitos de forma não violenta:

▪ Se seu filho não quer arrumar o quarto:

Não adianta privá-lo de uma coisa que goste, como assistir a TV. Isto não tem relação com a arrumação do quarto. Uma atitude adequada é fazer com que ele compreenda as consequências desagradáveis de deixar o quarto desarrumado, como por exemplo, perder mais tempo para encontrar suas coisas.

▪ Se você não quer que seu filho volte da festa de madrugada:

O caminho da paz é o caminho do diálogo e da negociação. Pode-se, por exemplo, combinar um horário que não seja nem às 22h, nem às 4h, mas por volta da 1h.

Saúde

Gravidez precoce Aborto 20

"Portanto, o aborto é a quebra de um acordo demoradamente estabelecido. O rompimento de uma ligação exaustivamente acertada."

Valetim Lorenzetti

Caminhos de Libertação, Editora Aliança.

Tema / Conteúdo

Gravidez precoce / Aborto – conscientizar sobre a importância da preservação e cuidados com o corpo da mulher no período de gestação, preparatório para a reencarnação de um novo ser.

Motivação Inicial

A – Figura – *Mostrar as figuras (anexo III) e perguntar qual delas é a mais certa. Ouvir as respostas e dizer que este será o tema a ser tratado.*

B – Questionamento – *Fazer algumas das questões a seguir como um aquecimento para a reflexão sobre o assunto. Cuidar para que os participantes sejam breves nas respostas e que os comentários excluam qualquer tipo de julgamento ou polêmica, possibilitando assim um ambiente favorável à participação de todos. Ouvir as respostas e desenvolver o tema.*

Na sua opinião, qual é a idade ideal para ser pai ou mãe?

Você conhece alguma mãe adolescente?

E quando acontece de o casal ser muito jovem?

Uma mãe muito jovem teme que aconteça o mesmo com sua filha?

Você acha que os jovens atuais estão bem orientados quanto a métodos contraceptivos?

Como encarar uma gravidez inesperada?

Como você encara o aborto?

Desenvolvimento da aula

Proposta I Data: ___/___/_____

No Evangelho *– Perguntar aos participantes como o Espiritismo encara o aborto. Depois de ouvi-los, ler cada uma das perguntas de Allan Kardec. Aguardar a resposta dos pais e só então ler a resposta contida em* O Livro dos Espíritos.

L.E. 344 Em que momento a alma se une ao corpo?

– A união começa na concepção, mas só se completa no instante do nascimento. No momento da concepção, o Espírito designado para habitar determinado corpo se liga a ele por um laço fluídico e vai aumentando essa ligação cada vez mais, até o instante do nascimento da criança. O grito que sai da criança anuncia que ela se encontra entre os vivos e servidores de Deus.

L.E. 357 Quais são para o Espírito, as consequências do aborto?

– Uma existência nula e a recomeçar.

L.E. 358 O aborto provocado é um crime, qualquer que seja a época da concepção?

– Há sempre crime, quando se transgride a lei de Deus. A mãe, ou qualquer pessoa, cometerá sempre um crime ao tirar a vida à criança antes do seu nascimento, porque isso é impedir a alma de passar pelas provas de que o corpo devia ser o instrumento.

L.E. 880 Qual é o primeiro de todos os direitos naturais do homem?

– O de viver. É por isso que ninguém tem o direito de atentar contra a vida do semelhante ou fazer qualquer coisa que possa comprometer a sua existência corpórea.

Proposta 2 Data: ___/___/_____

Casos *– Ler o caso a seguir. Depois distribuir as opiniões de cada um dos personagens entre os participantes. Cada um lê a opinião que lhe coube e comenta se concorda ou não com ela. Conduzir o diálogo, utilizando a bibliografia indicada ao final da aula.*

Jéssica Maria completará 14 anos no mês que vem. Anda muito pensativa e preocupada. Não sabe se deve ficar feliz, se tem uma bênção ou se tem um problema. Começou a sentir-se diferente, algo estava acontecendo. Procurou orientação de saúde e descobriu algo que não esperava: estava grávida! E agora, o que fazer?

Muitos pensamentos passaram pela mente de Jéssica. "Sou muito jovem para ter um filho agora... Como vou criá-lo? O que as pessoas vão dizer? Como meus pais vão reagir? Será que o bebê vai ser bonitinho? Acho que é como brincar de boneca. Preciso me casar? E o Jefferson José, vai querer o filho? Ainda não terminei os estudos, será que vou ter que parar? Onde vou morar? Talvez seja melhor abortar..."

Com um novo ser formando-se em seu ventre, Jéssica estava cheia de dúvidas. As pessoas com quem ela falava tinham suas opiniões. Cada uma dava um conselho.

Namorado

– Não tenho um emprego para sustentar uma família. E se nós procurássemos um hospital para interromper a gravidez?

Mãe

– Filha, você não tem condições de criar o filho sozinha, mas nós a ajudaremos.

Avó

– É difícil cuidar de um bebê, mas o feto já é um ser humano. Você acha que devemos eliminar também as crianças e velhos que não podemos criar?

Pai

– Não foi desejado, mas agora deve assumir o que está feito. Você tem responsabilidade.

Professores

– O bebê que está se desenvolvendo é outro corpo, é um ser diferente da mãe, com vida própria. Deve ter a chance de viver. Outro Espírito está ligado a esse feto em formação. É independente do Espírito da mãe. Você e ele se comprometeram, no mundo espiritual, a serem mãe e filho. Ele pode ficar com raiva e até virar um grande inimigo. Você estará adiando um compromisso que ficará mais difícil depois.

Amigas

– A mulher é dona de seu corpo, tem liberdade para fazer o que quiser.

– O pai não vai assumir esse filho. Do jeito que ele é irresponsável.

– Você não planejou ter um filho agora. Se fosse eu, abortava.

– Acho que a criança que vai nascer não tem culpa por você ter engravidado. Tem direito de viver.

Proposta 3 Data: ____/____/______

Leitura *– Ler o texto a seguir, dialogando a cada parágrafo, permitindo que, a cada um deles, os pais comentem sobre as ideias principais.*

(...) falo primeiramente da gravidez precoce. Muito mesmo nos assusta a grande quantidade de crianças encarnadas que, por variados motivos, estão sujeitas a uma gestação sem reflexão, sem condições físicas, maduras para assumirem este estado. Ressalto que o útero de uma criança de 10 / 12 anos ainda traz imaturidade física. Muitas acabaram de iniciar o seu ciclo menstrual, ainda irregular, e experimentam a gravidez, quando a mulher deveria estar pronta para passar por todo o processo que o momento requer. Essas meninas têm essas crianças prematuramente e ao segurarem os seus bebês, muitas ainda estão segurando no seu emocional suas bonecas preferidas! Olhem só, queridos irmãos... Esse bebê, por sua vez, precisa dessa mãe madura para oferecer-lhe segurança e afeto. E essa criança-mãe está, sem dúvida, assustada, medrosa, sem saber ainda o que é a responsabilidade que a espera. Vê esse bebê chorar, exigir e não sabe como agir, porque ela sim, é quem nesse momento precisa desse colo maternal. Seus hormônios estão todos irregulares, correspondendo à demanda prematuramente, ou seja, produzindo leite, fechando o útero e tentando se equilibrar, só que o seu estado emocional é instável nesse momento. E aí essa menina-mãe vai a trancos e barrancos; desculpem-me a sinceridade, porque muito vivi aí na Terra atendendo esse público juvenil. Eu via a desestruturação ali na minha frente. Mãe e filha desesperadas para me pedir socorro do que fazer com aquela gravidez confirmada. Via incertezas nos olhares. Eu orientava do ponto de vista médico das implicações físicas, mas também via-me limitado das outras questões porque ainda não conhecia a Doutrina esclarecedora. Como teria sido diferente se naqueles momentos de dúvidas e dor eu tivesse os conhecimentos daqui do mundo espiritual. Graças ao Pai, eu nunca conduzi ao aborto, sempre critiquei e nunca me coloquei disposto a isto, mesmo no período de faculdade, porque já possuía a minha consciência do mal que causariam para si e para outrem. Porém, sei que muitas saíram do meu consultório para fazê-lo, procurando outro profissional que se sujeitasse a essa prática, e o que é pior, encontraram-no em cada esquina!

Mas, enfim, entre o desespero, a dor e levar a vida assim com atropelos, essas meninas-mães, uma hora conscientizaram-se que estavam lidando com vidas e não mais com bonecas que choram por meio de pilhas!

E aí está a riqueza da vida! Pensem agora... Reflitam... Se esses irmãozinhos chegaram nessas famílias, é porque tinham que chegar desse modo "prematuramente". Se eles chegaram com tantos atropelos, é porque tinham que estar nesses núcleos familiares. Então vocês agora podem perguntar: E então, vamos deixar assim?

Claro que não! É necessário ensinar seus filhos, seus sobrinhos sobre o Evangelho de Jesus. É necessário conduzi-los com amor aos ensinamentos de Jesus, porque esta é a única forma de educá-los com sabedoria. Quanto aos assuntos referentes ao sexo, claro, é preciso orientação clara, familiar e muito afeto e compreensão.

Feito isso, mesmo assim, se voltarem para casa com uma gravidez que muitos chamam erroneamente "indesejada" – nunca repitam isso a ninguém e ensinem que, se houve uma gravidez, ela jamais será indesejada, porque se trata de um irmão que precisa reencarnar e pronto – aceitem com amor, doem afeto e tenham compreensão com essa pequena menina que, prematuramente, tornou-se uma mulher.

Queridos, ainda há algo a acrescentar sobre o ato do aborto. Claro, é inconcebível praticá-lo. Mas, uma vez feito, não há como voltar atrás, há sim como repará-lo. Tenham em mente que muito há a ser feito pelas crianças e então façam. Confiem na providência e misericórdia divina, que de tudo se encarregará.

Dr. Paulo (Ginecologista e Obstetra)

Psicografado por Isabel em 31.01.2008

Proposta 4 **Data: ____/____/______**

Reflexão *– Ler pausadamente o texto, dando oportunidade para reflexão. A seguir, escolher alguns pontos para discussão, com base na bibliografia indicada ao final desta aula.*

Por que coube à mulher o papel da reprodução?

Como um corpo, muitas vezes frágil, de tênue musculatura é capaz de gerar?

Por que este sistema (reprodutor) é a causa de tantas alegrias e tantas preocupações para sua dona?

Por que Deus permitiu que a mulher colaborasse com a sua obra?

Desculpem-me os pais, mas sem mãe não se vive!

Por que a maturidade física não ocorre com a emocional e psicológica?

Por que procriar é tão importante para a mulher?

Qual seria minha reação se minha filha engravidasse na adolescência?

A quem cabe o dever da educação sexual? À família? À escola? À religião?

Como o espírita encara o aborto?

O que você acha do aborto provocado?

Todos devemos ter cuidado com o corpo, mas a mulher muito mais, por quê?

Você sabia que, na barriga, a criança sofre influência direta da mãe? Tanto física como espiritual e emocional?

Existe idade certa para engravidar?

Como explicar quando tantas mulheres desejam engravidar e não conseguem, enquanto outras que não têm cuidados ou mesmo empenho, engravidam e não dão valor para isto?

Vejo o quadril, o abdomem de uma mulher. Quando de repente tudo começa a se agitar. Algo aconteceu. Ovários, trompas, útero em ação. A parede uterina se altera e aquela criatura vai lá se desenvolver. São células a se multiplicarem em velocidade cada vez maior. Vejo uma criança já formada.

Ela mexe as mãos, pernas, a bexiga se enche e esvazia, o coração bate rapidinho e bem gostoso.

Tudo vai se completando, mostrando como Deus é perfeito.

Os olhos, a boca, o nariz, tudo é lindo!

Aí, quando esse espaço fica por demais pequeno, mesmo que a barriga fique imensa, é a hora de sair para o mundo e começar a aprender tudo de novo. Mas agora com maior vivência. E mais chance de sucesso na empreitada da vida.

Psicografado por Beth em 31.01.2008

Proposta 5 Data: ____/____/______

Leitura *– Pedir que cada participante leia um parágrafo e a seguir o comente. Conduzir as discussões, buscando subsídios na bibliografia indicada ao final da aula.*

O diálogo aberto e sincero é a arma mais poderosa que os pais têm para esses dois problemas: gravidez e aborto.

Aquele que não tem conhecimento é como um cego que possui as vendas da ignorância a separá-lo da verdade, e o fazem cair em erros que poderiam ser evitados se essas vendas lhe fossem tiradas.

Em muitos postos de saúde, a mãe pode cuidar de sua saúde e já se fazer acompanhar pela filha para que ela vá se conscientizando do quanto é importante e necessário esse tratamento preventivo para a mulher.

Nesses mesmos postos, mãe e filha podem aprender e tirar dúvidas sobre a gravidez e o aborto.

E se a gravidez acontece? O que faremos?

Os pais são na Terra os responsáveis (claro que dentro dos limites) por seus filhos, portanto devem estimular muito seus acertos e tentar ajudar a vencer, compreendendo as suas dificuldades nos vícios e defeitos.

Se a gravidez acontece, o pai e a mãe devem, com responsabilidade e amor, vencer essa situação adversa com seu filho ou filha (uma criança precisa de duas pessoas para ser concebida) com apoio, mas ensinando as consequências de seus atos; ajudando-o, mas também deixando que ele arque com a sua parte nas responsabilidades.

Quanto à saúde da mulher, por que será que, já no século XXI, temos tanta dificuldade em lidar com certos assuntos e entendê-los, no que diz respeito ao valor e integridade plena da mulher?

Por que será que ainda tantos veem na esposa só a mãe dos filhos e a mantenedora do lar, e não um ser humano com todas as necessidades e anseios que os demais seres humanos?

Digo isso a maridos, pais, irmãos, filhos, etc., que as veem como seres de ferro que são indestrutíveis e inabaláveis, com força e amor infinitos.

Quanto ao aborto, não precisaríamos nem dizer quanto este ato é totalmente criminoso e severamente condenado por nós. Através dele o assassino mata, no silêncio de um início de vida, quem não tem, ao menos, a chance de se defender, sendo assim um ato de total desamor e desrespeito ao que mais prezamos: o valor de cada vida que vem ao seu planeta, dure ela (de forma normal) um dia, algumas horas ou vários anos.

Alguns ainda tentam se enganar, querendo colocar tempo para que o feto possa ser considerado um ser vivo. Grande engano! Sabemos que, ao se formar o óvulo, o Espírito reencarnante já se acha junto a este, imantando-o com sua nova vida. Vida que deveria ser bem recebida e respeitada, não importa como tenha sido originada.

Psicografado por Marisilda em 31.01.2008

Finalização da aula

Comentar os lembretes a seguir:

Preservar o corpo físico, mantendo-o equilibrado, tanto emocional como psicologicamente, contribui para o bom funcionamento da "máquina".

Evitar o aborto e a gravidez precoce conserva o corpo físico por mais tempo, isto é, causa menos dano ao perispírito.

Complementos

▪ Bibliografia

AUTORES DIVERSOS – *Entendendo o Espiritismo,* capítulo 14. São Paulo: Editora Aliança, 2001.

KARDEC, Allan – *O Livro dos Espíritos,* cap. VII. São Paulo: LAKE, 2001.

LORENZETTI, Valentim – *Caminhos de Libertação,* cap. 29 "Aborto". São Paulo: Editora Aliança, 2004.

▪ Dicas

O dirigente poderá ler as questões de número 330 até 360 de *O Livro dos Espíritos* para embasar as reflexões.

"Alimentação - Racional e sóbria, contendo os princípios alimentares básicos que são: proteínas (alimentos que mantêm os músculos); carboidratos e gorduras (alimentos que fornecem energia e calor), sais minerais e vitaminas."

Edgard Armond

Passes e Radiações, cap. 3, Editora Aliança.

Tema / Conteúdo

Hábitos alimentares – conscientizar a família sobre a importância dos alimentos para a manutenção de um corpo saudável.

Motivação Inicial

Questionamento *– Fazer as questões a seguir. Ouvir as respostas e dizer que o assunto a ser tratado será sobre hábitos alimentares.*

Qual é o seu prato preferido? E o de seu filho?

Desenvolvimento da aula

Proposta I **Data: ____/____/______**

Casos *– Ler ou pedir que os pais dramatizem as situações. Depois, propiciar os comentários de como agiriam, se já presen-*

ciaram ou viveram uma situação semelhante. Conduzir o diálogo, baseando-se nas sugestões a seguir.

Caso 1

A mãe fala:

– Se você comer tudo, vai ganhar um beijinho!

E lá vai a criança esforçando-se para pôr a comida goela abaixo.

Mas o que é este "tudo"? É só macarrão, sem proteína ou vegetais? Ou é um bife sem carboidrato? Ou é uma salada quase sem tempero que a criança odeia!

Perceber a chantagem afetiva e também a preocupação com a qualidade do alimento oferecido.

Caso 2

A mãe fala para um filho:

– Coma tudo, pois senão você vai ficar magrinho e doente.

E a criança responde:

– Não precisa se preocupar. Eu vivo magrinho, mas vivo!

Para o outro filho ela tem que pedir para parar de comer.

Perceber que cada biótipo exige uma alimentação adequada que só o tempo e a sensibilidade vão dizer aos pais qual é.

Caso 3

A mãe esteriliza tudo até quase os 18 meses do filho e basta uma distração para ele pegar algo do chão, da lata de lixo ou da areia da praia e começar a comer. A mãe quase tem um ataque nervoso.

Observar o excesso de cuidados. Embora não seja desejável a alimentação com falta de higiene, podemos contar com nossas defesas naturais (anticorpos).

Caso 4

A criança é muitas vezes obrigada a comer e depois na adolescência ou na vida adulta fica com raiva dos pais, porque agora encontra dificuldade em emagrecer. Acha que foi forçada a necessitar de muita comida. Ou que os pais a alimentaram de forma incorreta. Teme repetir os mesmos erros em relação aos seus filhos.

Verificar a inconveniência em forçar a comer, quando a criança não quer. É comum a criança alimentar-se com quantidades variadas durante um determinado período de tempo. A sua necessidade de alimentação é diferente da do adulto.

Caso 5

Eu me lembro que, quando criança, não conseguia engolir nada gorduroso, detestava peixe, banana amassada, queijo... Hoje aceito bem esses alimentos, tenho o paladar totalmente diferente.

Perceber que o paladar da criança é realmente diferente do adulto e deve ser respeitado. Os pais devem oferecer outro alimento do mesmo grupo em substituição àquele não aceito ou modificar o modo de preparo. Por exemplo: um bife, um hambúrguer no lugar do peixe. Banana em rodelas com sorvete no lugar de banana amassada. Iogurte ou leite no lugar do queijo.

Em nosso país temos grande variedade de alimentos: muitas frutas, vegetais, cereais. Tudo o que necessitamos para manter o corpo bem saudável.

É importante hidratar a criança com sucos naturais no lugar de refrigerantes ou produtos com excesso de conservantes e corantes. Observar se a criança é alérgica a algum alimento ou substância. E, antes de tudo, alimentá-la sempre com carinho, num clima sem ameaças e bem tranquilo. O alimento pode ser nosso remédio ou veneno.

Finalização da aula (da proposta 1)

Ler a mensagem como uma reflexão sobre o assunto discutido.

O uso do alimento ainda é uma necessidade para nós enquanto humanos.

Necessário em variedade e com regularidade, o que nem sempre ocorre dentro de uma família. Vemos excesso de alimentos em reuniões, mesas fartas de alimentos fortes, contrariando orientações que recebemos para o nosso próprio benefício, na nossa escalada evolutiva. O organismo, recebendo menor quantidade de alimentos ou alimentação mais leve, se torna mais sutil e receptivo, aberto aos fluidos benéficos da própria natureza que chegam até nós pelas nossas vibrações.

Psicografado por Ércia em 10.01.2008

Proposta 2 **Data: ____/____/______**

Questionamento – *Propor as perguntas, ouvindo a opinião dos pais. Conduzir o diálogo, baseando-se nas sugestões a seguir.*

- O que é para você alimentar-se bem?

Perceber que é necessário uma variedade nos alimentos, levando em conta o valor nutritivo de cada um. A composição da refeição deve ter proteínas, carboidratos, vitaminas, fibras. Um prato colorido indica uma boa variedade.

- Como você reage aos apelos de seu filho quando ele pede "um pacote de salgadinho"?

Esse pedido pode ser atendido desde que os pais tenham consciência de sua responsabilidade na educação alimentar da criança. Não é preciso banir esses alimentos de casa para ensinar os filhos a comer bem. Basta ter persistência para ensiná-los e bom senso para a escolha dos alimentos. Muitas vezes, esse tipo de alimento é oferecido devido à facilidade de acesso e preparo, sendo levado inclusive como merenda escolar.

▪ O que você acha de oferecer uma guloseima quando a criança está triste, chorando ou contrariada?

Esclarecer que esse tipo de comportamento dos pais apenas substitui momentaneamente uma carência afetiva pela comida. É mais eficaz buscar a origem da tristeza ou contrariedade por meio do diálogo, da observação e da sensibilidade. Esse comportamento, se utilizado frequentemente, acaba se transformando num vício.

Finalização da aula (da proposta 2)

Ler o texto a seguir ou reproduzi-lo para distribuição.

No ritmo frenético em que vivemos hoje, sempre correndo atrás das coisas materiais, quase não sobra tempo para uma alimentação saudável. Nos dias atuais, as pessoas cada vez menos se preocupam com a alimentação, adquirindo hábitos alimentares altamente danosos para o corpo. O corre-corre do dia nos leva à procura demasiada pelos *fast-food* (alimentação rápida). Com este tipo de alimentação, não se tem a devida preocupação com o balanceamento dos cardápios, caracterizados quase sempre por alimentos gordurosos e com conservantes químicos que não são saudáveis ao nosso corpo. E o pior é que muitas vezes passamos esse mau hábito para os filhos que também são bombardeados diariamente pela mídia dos *fast-food.*

É claro que as crianças preferem um sanduíche desses com nome e sobrenome a comer legumes! E quase sempre os pais ou os responsáveis pela alimentação das crianças não têm o discernimento ou a paciência necessária para orientá-los que, para crescer com saúde, é preciso fazer as refeições com alimentação saudável. E alimentação saudável são os legumes, as frutas, as verduras, os cereias ricos em vitaminas, proteínas, ferro e cálcio, imprescindíveis na formação e manutenção da saúde e do bem-estar das criaturas.

Muitas vezes as crianças passam o dia comendo coisas supérfluas, como biscoitos, bolinhos, docinhos e, na hora das refeições, não estão dispostas a comer arroz com feijão e legumes. Não raras vezes, vimos mães reclamar dos filhos que não comem. Apesar disso, a obesidade infantil cresce de forma preocupante. Claro que tudo isso ocorre, em grande parte, em virtude do mau hábito alimentar.

Psicografado por Nivaldo em 10.01.2008

Proposta 3 Data: ____/____/______

***No Evangelho** – Propor a questão, ouvindo a opinião dos pais. Ler cada uma das perguntas de Allan Kardec, aguardar a resposta dos pais e só então ler a resposta contida em* O Livro dos Espíritos.

- Do ponto de vista espiritual, por que devemos nos preocupar em manter o corpo físico saudável?

L.E. 718 A lei de conservação obriga-nos a prover as necessidades do corpo?

– Sim, pois sem a energia e a saúde o trabalho é impossível.

L.E. 723 A alimentação animal, para o homem, é contrária à lei natural?

– Na vossa constituição física, a carne nutre a carne, pois do contrário o homem perece. A lei de conservação impõe ao homem o dever de conservar as suas energias e a sua saúde, para poder cumprir a lei do trabalho. Ele deve alimentar-se, portanto, segundo o que exige a sua organização.

Finalização da aula (da proposta 3)

Ler o texto a seguir ou reproduzi-lo para distribuição.

"O corpo humano é o santuário do Espírito encarnado e o instrumento de que se serve para o exercício de suas atividades no mundo físico; por isso foi formado de maneira que, ao mesmo tempo em que exerça essas atividades, permaneça o Espírito ligado por vários meios ao seu próprio mundo, que é o espiritual.

Disso também decorre a grave responsabilidade que toca ao homem encarnado de zelar e responder pela conservação, equilíbrio e harmonia funcional desse corpo."

Edgard Armond
Passes e Radiações

Complementos

▪ Bibliografia

ARMOND, Edgard – *Passes e Radiações*, caps. 1 e 3. São Paulo: Editora Aliança, 1999.

AUTORES DIVERSOS – *Evangelização Infanto-Juvenil*: Maternal, aulas 6 (Dia da sopa) e 18 (O bolo); Jardim B, aulas 26 (Confusão na cozinha) e 28 (O mingau de fubá); Jardim C, aula 31 (Não sobrou nada); Primário A, aula 28 (Juca saúde); Primário C, aula 21 (Mariana). São Paulo: Editora Aliança.

KARDEC, Allan – *O Livro dos Espíritos*, questões 718 a 727. São Paulo: LAKE, 2001.

▪ Dicas

O ideal é fazer de 4 a 6 refeições por dia. Assim, o organismo aproveita melhor o valor nutritivo dos alimentos. Além de saciar a fome, revigora as energias. Em vez de comer bastante em uma única refeição, equilibrar a quantidade nas diversas refeições diárias é um hábito saudável que aumenta a disposição.

Observe um modelo de alimentação saudável:

CAFÉ DA MANHÃ	Leite ou derivados (ex.: queijo cremoso) Pães, biscoitos ou bolos Cereais (ex.: aveia) Frutas
LANCHE DA MANHÃ	Fruta ou suco de fruta natural
ALMOÇO	Arroz ou massa (ex.: macarrão) Feijão ou outra leguminosa (ex.: lentilha) Carne (boi, frango, porco, peixe) ou ovo Verduras refogadas ou cozidas Salada (legumes e verduras) Sobremesa (frutas)

LANCHE DA TARDE	Leite ou derivados (ex.: queijo branco) ou preparados à base de leite (ex.: pudins)
JANTAR	Arroz ou massa (ex.: macarrão) Feijão ou outra leguminosa (ex.: ervilha) Carne (boi, frango, porco, peixe) ou ovo Verduras refogadas ou cozidas Salada (legumes e verduras) Sobremesa (frutas)
LANCHE DA NOITE	Leite ou iogurte

Um bom café da manhã é essencial para o rendimento durante todo o dia. Lembre-se de que, durante todo o período de sono, fica-se em jejum.

Existem partes dos alimentos (talos, folhas, cascas etc.) que são extremamente saborosas e nutritivas, por isso devemos utilizá-las integralmente (ex.: doce de casca de mamão).

Gestantes devem fazer cinco ou mais refeições diárias. O jejum muito rigoroso atrapalha o desenvolvimento do bebê.

As mães devem alimentar seus bebês com leite materno e, a partir dos seis meses de vida, a alimentação deve ser complementada com papinhas.

Crianças e adolescentes devem seguir a tabela de alimentação saudável, brincar e praticar esportes. As atividades físicas fazem com que o rendimento da alimentação seja ainda maior: abrem o apetite e evitam a obesidade.

Todos nós precisamos beber bastante água, preferencialmente entre as refeições.

No corre-corre diário, poucos são os momentos em que a família consegue se reunir. A hora das refeições é uma oportunidade que não deve ser dispensada. Além da nutrição alimentar, os filhos se nutrem emocionalmente do afeto e carinho dos pais. É importante não usar esse instante só para discutir problemas ou fazer cobranças. Deixe para perguntar sobre o desempenho escolar dos filhos em outra ocasião.

Anexo I

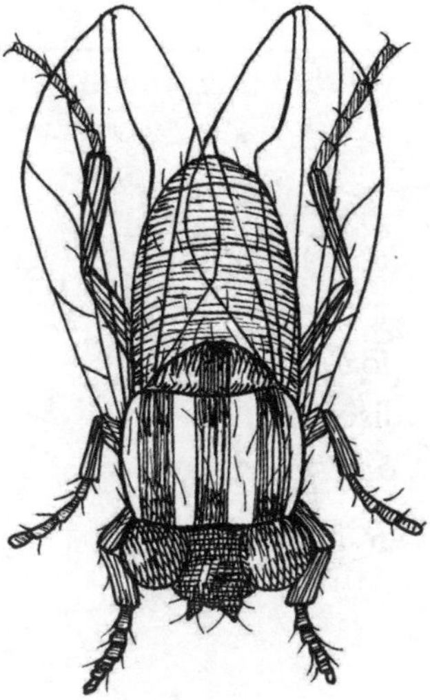

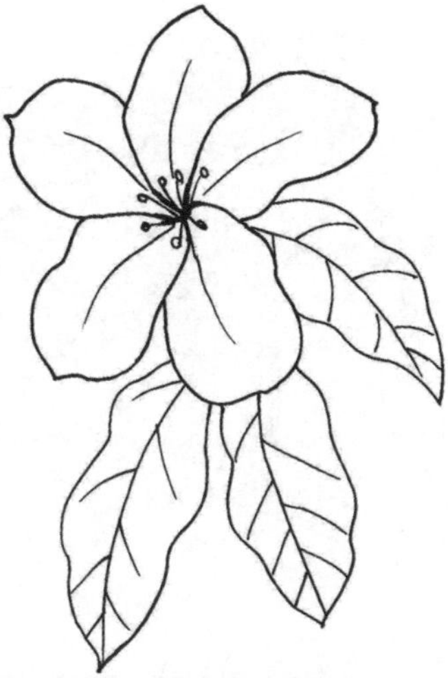

Anexo II

Fig. 1

Fig. 2

Anexo III

Você nem imagina
o que uma conversa
pode fazer pela sua vida.
Ligue 141 24h
www.cvv.org.br
CVV
A linha da vida